ハニエル流
幸せな時間の作り方

Haniel
ハニエル

サイキック＆ミディアム
カルマ解消セラピスト

Let's make a happy time

Haniel

今日の話題社

はじめに

被害者ポジションは卒業
「無敵」な私になるために

幸せに生きるってちっとも難しいことではありません。スピリチュアルの世界に興味がなくても、カルマってなに？　引き寄せってなに？　という人でも、お友だちに恵まれて、家族や恋人に愛されて、やりがいのある仕事を持ち、願ってもいなかったラッキーが舞い降りてくる人はたくさんいるの。

でも、あなたがこの本を手に取ったということは、なにかしら日々の生活に不満があり、もがいている最中なのよね。

幸せの入口がどこにあるのかわからない。
もしくは、目の前にあるのに見えていない。

幸せルートに入りたいのに、どんなに力をこめても目の前の扉が開かないのはつらいよね。そんな、みなさんのお役に立てればと、この本を書くことにしました。

あなたの不満はどんなこと？

恋人がちっとも優しくしてくれない。
会社の上司は私の頑張りを理解してくれない。
親は私を愛してくれなかった。
誰も私のことをわかってくれない。

私のところにいらっしゃるクライアントさんも、最初はみなさん、こんなふうにおっしゃるの。もう「くれない」の不満を山と積み上げて、自分が下敷きになってジタバタしている。そうね、これは確かにつらそう。

そんなとき、私はいつも言うの。

あなたはいつまで被害者ポジションでいるの？　って。

日本人は被害者ストーリーが大好き。かわいそうなシンデレラは、みんなにいじめられて、けなされて、どん底にいたけれど、ある日その頑張りが報われて、悪者は成敗されて、めでたしめでたし。誰だって、自分はいじわるな継母やお姉さんであるはずはなく、自分こそがかわいそうなシンデレラだと思いたがるものです。

宇宙や神様の存在を「ありてあるもの」と当たり前のこととして感じ、人それぞれが持つ過去世の姿が見えてしまう私にとって、シンデレラポジションに立ち、不満だらけのくせに、そこから抜け出そうとしない人たちから発散されるエネルギーこそ、不幸の源であるように思われてなりません。今はそのエネルギーが充満しすぎていて、とっても生きづらい。みなさんも、その息苦しさは感じているはず。

あなたの被害者感覚こそが、人生の悪いパターンを作り、加害者を作り、ガチガチに凝り固まった「善」と「悪」を作っています。自分は満たされていない、自分は見放されている。その思いが現実世界に投影されてしまうの。

あなたが自分を被害者だと自覚したとたん、目の前の人は加害者というポジションを与えられ、その役を演じることを要求されているわけ。いつの間にか、まわりは敵だらけ。そんなの嫌でしょ。

シンデレラの世界だけではなく、この現実の世界でも、私達は同じドラマに出演する者同士として、影響を与え合いながら生きています。誰かが変わればドラマの筋書きは変わる。登場人物の立ち位置も、その後の人生も変わります。あなたが被害者ポジションを降りれば、相手も加害者ではなくなるの。自分を敗者だと思わなければ、勝者はいなくなります。恨むために、ディスるために、責任を取らせるために、相手に加害者ポジションを押しつけていることあるんじゃないかな？　そこに気づけたら、あなたは大きく変わる最初のチャンスを手に入れたことになります。

被害者と加害者なんて分け方しなくても、人はちゃんと生きていけるよ。私はそれを

無敵

って呼ぶの。無敵っていうと、誰にも負けないマッチョな人を連想しちゃうよね。違うんだなあ。私が考える無敵は

敵がいない人のこと。

相手を敵にしなければ、あなたは戦う必要がなくなるし、相手を恐れたり、憎んだりすることもなくなります。平和そのもの。喜びそのもの。

誰もが思い描いた通りの現実を生きています。引き寄せが叶わない人はこの世に一人もいません。だから、あなたが被害者ポジションを降りない限り、舞台を変えても、役者を変えても、相手に、いじわる姉さんの役を押しつけることになります。相手の嫌な部分をあなたが引き出してしまうの。

被害者でも加害者でもない。お互いを許し合い、相手に完璧を求めず、「あなたも私も、30点、40点くらいの成績しかとれないけど、まあしょうがないよね」って笑いながら生きていれば、相手の演じる役柄は必ず変わります。だって人は決して100点満点にはなれないんだから。

この本のなかではカルマが重要なキーワードになってきます。あなたの被害者意識、彼氏を変えても同じ理由で振られるようなパターン、金銭トラブル、毒親との関係……そんなあなたの悩みの根底にカルマがあることがとても多いから。

今まであなたが手にしてきたスピ本とはちょっと違うかもしれません。カルマを解消するために、あえて真面目をやめる。自分のキャラクターと真逆だけれど、あえて人に頼ってみる。罪と感じることも行動してみる。ストレッチするみたいに、心をほぐしていくことも大切なプロセスです。

せっかく幕が開き、舞台に立っているんだもの。楽しい物語を演じ、素敵な人たちと共演し、スポットライトを浴びて「あ～楽しかった。私の人生いいことばっかりだった」ってハッピーエンドを迎えたいじゃない？　その気づきをプレゼントできたら……そんな思いを込めて書きました。

それではハニさんの幸せレッスン、はじまりはじまり。

ハニエル流 幸せな時間の作り方 目次

001

Hani's Love Words

そもそもカルマって
なんでしょうか⁉
怖いもんじゃないけど
厄介なのよね……

スピリチュアル好きの人、いわゆるスピ系さんは、カルマって聞くと深刻な顔をするじゃない。もしくは、わくわくしちゃったり？

そもそもカルマって、なんだろう。業とか、因果応報とかって訳されることが多いでしょ。

あんまり馴染みがないというか、胸にストンと落ちないんだな。私が定義すると、

カルマ＝セルフオーダーなの。

わかりやすく説明しましょう。

今、あなたが立っているのが現在。後ろを振り返れば過去があって、目の前には未来が広がっている。

そんなあなたに、なにか刺激が入ったとしましょう。そうだなあ……、大し

て親しくもなかったおじいちゃんが、あなたに500万円の遺産をのこしていたことがわかったとするじゃない。そのとき、あなたは瞬間的に、過去の自分がお金に対して抱いてきたイメージに照らし合わせて、この刺激を解釈するの。

「私はお金に縁がない」「私にはかつかつの生活がふさわしい」。もし、あなたがこう思っていたとしたら、たとえ500万円手にしてもすぐに手からこぼれ落ちていきます。家が壊れたり、ケチな彼氏にたかられたり、つまらないものに散在したり。

なぜなら、「貧乏でいること」があなたのセルフオーダーだから。こんな私がお金持ちになれるはずがないってイメージがある限り、脳はそれを全力で証明して「ほら、やっぱりね」と納得したがります。

つまり、お金がない、お金は消えるものだと不安に思っているから、無意識のうちにお金が手から離れていくようなオーダーを宇宙に出しているってわけ。だから、別にカルマってオカルトっぽい怖いもんじゃないの。ただ厄介なだけなのよ。

もちろん、「お金持ちと貧乏どちらになりたい？」って聞いたら、誰だってお金持ちになりたいって答えるよね。

だけど、大事なのはハートがどう感じているか。思考が現実化するんじゃなくて、思考のさらに奥にある無意識の自己設定がオーダーとして宇宙に届けられちゃうの。

お金だけじゃないわよ。

不倫ばっかりしたり、ダメ男にばっかり引っかかるのは、「男の人はこういうものだ」「私は、適当に扱われてもよい人間だ」って設定がセルフオーダーとしてくり返されているから。「今度こそ優しい人だと思ってつきあったのに、やっぱり殴るんです、どうしてだろう」ってあざを作って相談しにくる子がいるけど、私から見たら、

優しくないじゃん！

いや殴る人じゃん！

わかるじゃん！
って突っ込みたくなる。つまり、自分から選んでるのよ。
ほんとに思う。心っから思う。
カルマに人生乗っ取られてたまるかっ。

ハニさんの一言

不幸のセルフオーダー出しまくってない？

002

Hani's Love Words

同じパターンが
くり返されるなら
それはあなたの
カルマで
あることが多いの

カルマって自分ではなかなかわからないもの。だから、私たちのようなサイキックカウンセラーが向き合うなかで、気づきを得る人が多いの。

でも、カウンセリングを受けるチャンスなんてそうあるものではないし、あなたと相性の合う、力のあるヒーラーさんに必ず巡り会えるとも限らない。

自分のカルマに気づくひとつの手がかりとしていえるのは、相手や場所を変えても続く問題はカルマが原因だということ。

職場や彼氏を変えても「どうして私の上司はいっつもパワハラ野郎なんだろう」とか「どうして彼氏がいつも浮気するの?」とか、似たような状況が続き、同じ不満を感じるならそれはあなた自身のカルマのせいであることが多いの。

私も自分の経験からこのことに気づきました。名付けて、「けいこカルマ」。私も本名は、けいこなんだけれど、生まれたときは別の名前になる予定だったのを、祖母が半ば強引に名前を決めてしまった。

つまり、出発点からして、けいこに人生を乗っ取られているわけね。私は過去世においても敬虔なクリスチャンだったこともあって、すごく真面目。さらに人のためになにかすることを自分の喜びとするみたいなところが強くあったの。

これが少女マンガなら幸せまっしぐらなんだけど、なぜか私の幸せを「けいこ」が阻むわけ。結婚寸前まで話が進んでいた彼氏のお母さんがけいこで、思いっきり邪魔されて、結局破談に。

その後、私の彼氏にしつこくストーカー行為をくり返したのも「けいこ」だったっけ……。なんでこんなに行く先々に「けいこ」が出現するのか。もう、うんざりしたものです。ほんと。

よいことをしたからって幸せにはなれない。よいことをするほどにあざとい人が出てくる。

もしかして、私の善行が足を引っ張っているのかな？　真面目であらねばと自分を縛っていることがカルマになっているのかな？　と。だから、たまには嘘をついてみたり、仮病を使って体を休めたり。そんなことしていたら「けいこ」は私の人生から姿を消しました。

もうひとつ。典型的に尽くすタイプだった私が恋をして、お付き合いを始めると「なぜかみんなゲイだった」っていうのもあってね！

別にゲイでもいいんだけど、恋愛はできないじゃない。これはなんとかしなくては、と自分を殺して過剰に尽くすのをやめて、ときにはキレることを覚えたら、男女の関係を築ける人があらわれました。これも、正反対のことをしてカルマを消すひとつのプロセスね。

同じパターンが繰り返されるなら、自分のなかにあるカルマだと思って、原因を探した方がいいかも。私の場合、「自分を押し殺して、人のために頑張る。人のために尽くす」ってカルマが、「けいこ」や「ゲイ」のかたちになって私の幸せを邪魔していたわけだから、その真逆を目指してみたってこと。私は、自分の気持ちを主張したり、ときには一歩も引かずにグイっと前に出ることに罪悪感があったのね。でも、その奥底には「私だって自分の気持ちを大切にしたい」って希望があったわけだから、真逆に走ることは、自分の気持ちを解放していくプロセスになりました。もし修正しなければ、罪悪感を埋め合わせるために、「こんな私を必要としてくれる場」を求めて、ダメな彼氏やダメな仕事場を求めてさまよってしまったかもしれない。怖いでしょ。

こんなふうに書くと、ママの言いなりになったり、ゲイなのに彼女を作ろうとする男たちはなんてひどいって思うかもしれないけれど、それは違うの。すべては私のカルマと相手のカルマが引き合って起こる現象だから。意思を主張できる自分になることは、私の課題。そこをクリアできていなかったから、パズルの凸と凹がくっつくように、お芝居の配役が割り振られるように、私のカルマ劇場に彼らを呼び込んで登場させてしまったんだよね。わかるかしら。

たとえばね、私、ものすごく点滴の針が入りづらいの。どの病院でもことごとく失敗される。腕じゃだめで、手首や足首にまで針入れられるんだよっ。そうなると、「次も失敗されたらどうしよう」ってビクビクするじゃない。するとどうなるのか？　たとえ百戦錬磨、点滴なら任せてっていうプロがきても失敗するのね。おもしろいことに。

経験のある医師も看護師も、万が一っていう可能性を常に頭に入れて仕事をしているもの。それは人の命を預かる職業につく人の安全弁として必要なものです。その万が一を私が引き出してしまうわけ。私のカルマが強いから、相手を刺激してしまう。持っている安全弁をわざわざ私が直撃していることに他ならないの。

私が変われば相手も変わる。違う私でいたら、さっきの彼らも違う配役を与えられて、もっと幸せキャラとして私と共演していたはずよ。だから、私はここで書いた男性を恨む気持ちなんて一ミリも持っていません。

この本を読んでいるあなたも、きっとよい人なんだと思うのよ。困難にぶつかると、頑張ることで、問題を解決するようなね。自分がやってきた思考パターンの延長に解決を求めようとする。だけど、じつはその処方箋って「今までの自分の真逆を行くこと」なんじゃないかな。というわけで、真面目な人にこそ、ときに不真面目になることをおすすめします。

ハニさんの一言

人生「不真面目」に生きてもいいよ！

003

Hani's Love Words

カルマ解消は
雑魚キャラを制覇して
経験値を
上げていくこと！

過去に感じたことが今を作り、今感じていることが未来になります。だから、カルマを解消したいなら、今この時点から行動を開始するしかないの。

あなたがすべきことは、自己設定を変えること。「恋愛っていいものだよね」「お金って自分を守ってくれるものだよね」。そして「私は愛されているから、失敗したって、みんな笑って許してくれるよね」。

心からそう思えるようになること。そう、心からね。カルマは思考のクセとしてあらわれやすいものだから、この世を地獄だと思えば、それを証明しようとするし、この世はよいことばっかりと思えば、それを証明しようとする。この好循環に持って行けば、すべてがよい方向に進んでいきます。

よくお手洗いを掃除したら人生変わったとか、毒親に感謝の言葉を伝えたら心が楽になったとか言うけれど、体だけ動かしてもハートが伴わなきゃ意味がないもん。

だって、ブラックバイトの社長や虐待されてきた親に「ありがとう」って言ったって、顔が引きつるでしょ。

まずは親切な人、やさしくしてくれる人で経験を積みましょう。

いつもの自分の行動と正反対のことをして、カルマを中和するの。私がおすすめしているのは「100円ちょうだい」って手を出してみること。

借りるんじゃないの。もらうの。理由も特に言わなくてよし。恥ずかしい？いや〜っ絶対無理とか思う？　じつは、日本人典型のカルマって「ください」って人に頼れないことなの。

人になにかしてもらうことに罪悪感を覚えて「私なんかのために悪いわ」なんて思うと、そっちの自己設定が実現されていきます。意外とくれるのよ。もらった100円でジュース買って飲めばいいじゃない。

最初は、めっちゃ勇気がいるわよね。あなたの自我は、これまでと反対のことをするのが怖いから、行動にブレーキをかけようとします。だけど、あえて挑戦してみる。自分が普段やっていないことをすればカルマは中和されていきますよ。

私は許される、迷惑かけても大丈夫。願いは叶う。そう思える経験を積んでほしいの。無邪気に「いいな」「ほしいな」「仲間に入れて」って言える自分になるためのレッスンです。そう思えるようになれば、夢も叶いやすいし、人を信じられるし、お金も手に入りやすくなる。

言っておくけど最初はやさしい人を相手に、小さな悩みから解決していくのよ。

不思議なんだけど、なぜかみんなボスキャラからどうにかしようとするのよね。自分を変えたいからって勢い余って、「社長お話があります」とか「お母さん、私が前から思ってたことを聞いて」とか。ストップストップ。それは後でいい。ゲームだってそうじゃない。

ラスボスが出てくるのって最後の感動のフィナーレでしょ。最初は、小さい雑魚キャラをバンバン倒して経験値を上げていく。そのプロセスで鍛えられていくわけ。彼に愛されていないと思うなら、やさしい友だちにたっぷり甘えればいいじゃない。

小さな成功体験も、大きな成功体験も、1カウントとして宇宙に貯金されます。だから小さい成功体験でいいの。

そして、おもしろいことに、小さな成功体験をチャリンチャリンと貯めていくうちに、ボスキャラの影響力はあなたのなかでどんどん小さくなっていきます。まさにあなたが鍛えられた証拠。

そんなスモールステップをひとつずつ登っていきましょう。

ハニさんの一言

自分の殻を破るために、あえて真逆をいってみよう！

004

Hani's Love Words

カルマ解消の目的ってなに？その方向を間違えないで

病気を治すために
彼氏がほしいから
妊娠したいから

そんな理由でカルマを解消したいと願っている人たちがいます。それは間違い。

私たちは、奇跡を請け負う魔法使いじゃないから。私のところに相談来る方のなかにも「起業したいがどうしたら成功するか」と儲かるテクニックを聞こうとする人、「彼氏と復縁したいんです」「結婚したいんです」とか、ものすごく具体的なお願いをおっしゃる方がいますが、そういった方のカウンセリングはすべてお断りしています。

それは、タバコを一日何十本も吸っている人が、「自分の生活習慣を変えるつもりはないけれど、なんか特別な薬で健康な20代の体にしてください」って言うのと同じ。朝昼晩ずっと背脂ギトギトのラーメンばっかり食べている人が

「モデル体型になりたいです」って言っているのと同じだから。自分がしてきたことにまったく目を向けず、結果ばかりを求めるなってことね。そりゃ無理だろうよって。私も昔は、こういう安易な考えで来る人をかわいそうに思ってエネルギーを吸い取ってあげたりしたけれど、私もボロボロになって倒れるし、その場がおさまっても別のかたちで問題が出現します。

おバカちゃんが、替え玉受験で大学に合格したからって、勉強についていけないでしょってことよね。本人が根本から変わらなければ意味がないわけ。

カルマを解消し、自分のオーダーを変えていくことで、病気が治った、妊娠したという人はたくさんいます。でも、カルマを解消すると、ほしいもの自体が変わる人のほうが多いの。不思議なもので、病気になったり、ケガをしたりすると「自分の本当の夢はオリンピックに出ることだったのに」って思うもの。なぜか手の届かない夢が、人生の究極の目的のように思えるの。喪失感が強いと欲とのバランス調整が難しくなるんだよね。

カルマを解消することで、そのバランスが整うとともに、満ち足りた自分であることを自覚できるようになります。究極的には、あなたが自分の父となり母となり、あなた自身を成長させていくことができるようになる。私はこれを魂の進化だと捉えているの。喜びで満たされていたら、人に求めるものは少なくなるよ。

経済的に自立していれば、結婚相手を純粋に人柄だけで決められるのと同じことです。

さみしいからと誰かを探しても、結局さみしい相手しか見つからない。最初は、恋人を求めていた人でも、自分で喜びを生み出せるステージに入ると「私は、本当は別の仕事にチャレンジしてみたかったんです」とか「一人でも楽しく生きて行かれる自信がつきました」なんて晴れやかな顔で言うようになるの。

ま、そういうキラキラした人を異性も見逃すはずがなく、たいていその「おまけ」としてすてきな恋人があらわれるんだけどね。もう夢中になれるものを見つけた人にとっては、あくまで「おまけ」ね。

そもそも、夢というのは、不安やカルマから生まれることもあります。人は、外の世界から影響を受けて自分が存在していると思っているけれど、自分の思考やエネルギーが外の世界に反射して、戻ってきているだけ。だから、人前に出ることが苦手なうちは、アイドル歌手を目指していても、克服すれば結婚がしたくなることもあるんだ。金銭面に不安のある人が、「お金さえあればもっとボランティアがしたい」と思っていたのに、いざお金を手にしたら、家族のために使いたい、旅に行きたいと思うこともあったりね。それは自由なの。ボランティアになることが高尚で、自分のために使うのは堕落っていうことではありません。

つまり、カルマ解消は奇跡につながるのではなく、体質改善のお手伝いのようなものです。

背脂ギトギトラーメン大好きな人が「最近なんだか知らないけど、野菜がおいしくて、ラーメン食べたいって思わないのよね」と自分の変化に後から気づくぐらい意識が自然と変わっていくこと。それは我慢させることとは違うの。太らないためにいつも食べ物のことを考えているとしたら、いくら頑張ってもつらさが抜けないでしょ。

健康な体と心にリセットされたとき、あなたにあらわれる希望をじっくり叶えていくこと。それがカルマ解消の目指す方向です。

ハニさんの一言

カルマの解消は体質改善なのよ!

005

Hani's Love Words

尽くしても
報われないあなた
自分をネグレクト
してない？

こんなに尽くしているのに、私はこんなに頑張っているのに、

誰も私に優しくしてくれない。

誰からも愛されていない。

そんな思いにとらわれている人ってすごく多いの。こういう人が陥りやすいのが、自分の問題に手をつけず、自分より弱い人を助けるパターン。仕事を放り投げてボランティアに没頭したり、トラブルを抱えている友だちの相談に四六時中付き合って自分がボロボロになったり……。人生設計も立てないままに、子どもを持とうとしたり。子どもがいい迷惑だよね。つまり、誰かの世話を焼くことで満たされようとするわけ。

そんなことやめましょう。すぐに。まずは自分を救ってからです。溺れかけている人が人を救える？　いっしょに溺れるのがオチ。自分が力をつけて、余ったらおすそわけするの。だって「汝自身を愛するように隣人を愛せよ」って

聖書にあるじゃない。自分を愛していることが前提なのに、自分を大切にしないで人のためになにかをしようとするのは間違いだということをまず受け止めることです。

愛されても報われない自分をどう変えていくか。まず、人のせいにするのをやめましょう。原因を探すのもやめましょう。

親が悪い。
過去性の影響かも。
インナーチャイルドのせい。
子どものころに虐待されていたから……。

こんな思いは、自分の人生を生きようとしない人の最大の言い訳だって私は思う。だって誰かのせいにしているうちは、償ってもらうことが最大の目的になってしまうから。

そういう人は「自分が幸せになったら損だ」という設定をして、不幸になるリクエストを宇宙に送っているの。自分の不幸を証明して、憎い相手に罪悪感を植えつけようとしているだけ。自分からみじめになろうとしているだけなの。

あなたがあなたの親になればいいじゃない。人を動かすより、自分を動かす方が確実でしょ。自分で自分を育める人間になる。「自立」というより「自律」して生きていくことは、人生のひとつのゴールでもあると私は思っています。自分をネグレクトしている人、とっても多いよ。

「お腹すいたね。なにが食べたい?」「一週間頑張ったから疲れたね。明日はゆっくりしようよ」「きれいなお風呂に入りたいね。入浴剤も入れちゃおう」。あなたが自分自身にしても、誰かがあなたにしてくれても、どちらも同じ成功体験として宇宙銀行に貯金されます。貯金がたまるとどうなるか? 詰まっているパイプがスムーズに通るように宇宙とのパイプラインが開通し、最終的には……私のように「ご神事に行きなさい」とお告げが来ることもある、かも。

自分を満たしたら、「おいしいね！」「うれしい」「ありがとう」って喜んでね。自分に本音を言えるようになれれば、人との関わりが必ず変わってきます。

自分が幸せになったとき、おすそわけで誰かを幸せにしてあげて。そして幸せであることに罪悪感を持たないで。だって、自分だけ東大に入ってごめんなさい、自分だけ病気が治って退院してごめんなさいって思うのは、ある意味傲慢なことじゃない？　あなたに人の幸不幸を決める力はないんだから。

自分自身を愛するように隣人を愛し、やがて自分の敵さえも愛せるようになれたら素敵だよね。まずしっかり自分が幸せになり、豊かな人が増えていくのが一番自然なことなの。幸せの輪は必ず広がっていくから。

ハニさんの一言

まず自分が幸せになってから人を助けてあげて！

006

Hani's Love Words

人の怒りはスルーして
受け取れば
あなたのカルマになるよ

この前、ながらスマホで歩いている人とぶつかりそうになったの。彼は私を見ると「チッ」と舌打ちをして、そのまま去って行きました。こんな経験、誰にでもあるでしょ。嫌な気持ちになるでしょ？

せっかくよい気分だったのに台無しにしやがってと腹が立つ人がほとんどかもしれませんね。

私は人から、怒りや、憎しみ、妬みといったネガティブな感情をぶつけられたときは、受け取らないの。だって、チクショーと思ったら、その怒りが私のカルマになるから。「今日は嫌な日！」「一言言ってやればよかった」「私ってなめられやすいから損ばかり」。

そんなマイナスカルマにとらわれて、一日イライラしたくないもの。

自己チューな人、迷惑な人、怒ってばかりの人がそばにいたら、その人のまわりに閉じたバリアがあるイメージを持ってみて。そして考えてみましょう。さっきのスマホ男だったら、この人はスマホに夢中になっていたから、いきなり私とぶつかってびっくりしたんだな。いるはずがないと思っていたのに、いきなり現れたのが気に入らなくて舌打ちしたんだ。ふーん。なるほど。

彼の心をロジカルに読み解いて、そうかそうかと納得しておしまいにしましょう。私が彼になにかをしたんじゃなくて、彼の世界のなかで気に入らないことがあっただけ。

彼自身の問題なんだから、私は受け取らない、巻き込まれない。それだけのことなの。

じゃあ、閉じたバリアのなかにいる彼の怒りはどうなるか?

ブーメランのように自分のところに戻り、さらにイライラが悪化していきます。だから罰したいとか思わなくてもいいの。仕返ししたいとか思わなくてもいいの。別にそれはあなたのオーダーが叶っているわけじゃなくて、勝手に彼が自滅をオーダーして、それが叶っているだけなんだけどね。

そんなのつまんない？　自分で裁きたい？

そう、「罰したい」「裁きたい」っていうのは最近の日本人に多いカルマパターンだよね。ネット見てごらんよ。そんなことばっかり。自分に関係ない芸能人の恋愛沙汰や、ちょっとした失敗でも鬼の首でも取ったように大騒ぎするでしょ。そして、彼らを有罪だ無罪だとジャッジする。お店に対しては、お客様は神様だって言わんばかりに、小さなミスをあげつらって、土下座までさせちゃう人もいるじゃない。それは、必ず自分に返ってくる。閉じたバリアのなかで、自分に向かってブーメランを投げているだけなの。それに早く気づいてほしいな。

日本人は今まで理性で自分を抑えてきた歴史があるから、もう我慢の箱がいっぱいになってるんだよね。これ以上、抑えられないくらい表面張力パンパンにあふれている状態。

宇宙は人をジャッジしたりしないし、罰を与えたりもしない。みんな許されてここにいることをわかってほしい。30点の自分、50点の母親、20点の友だち……。不完全なままでＯＫを出し合えるようになってね。それがあなたを一番楽にしてくれるはず。

ハニさんの一言

自分に向かってブーメランを投げるのはもうやめよう！

007

Hani's Love Words

その努力ってムダかも!?
頑張ればいいいって
もんじゃない

まわりを見回して、思いませんか？

絶対私のほうが美人で性格もいいのに、どうして彼女のほうがすてきな彼氏がいて、いい友だちがいっぱいいて、毎日幸せそうなんだろう……って！

「どうして私が」ってことは世の中に山のようにあるの。あなたはどう考える？多くの人が「もっと頑張らなきゃ」「自分を磨かなきゃ」なんて、自分を追い詰める。これはベストな方法じゃないんだよ。

たとえばオリンピックに出るためにたくさん頑張る、いろんなことを我慢するっていうのは間違いじゃないでしょ。得たいものがあり、そのプロセスとして我慢があるから。だけど、そのうちに我慢そのものが目的になってしまうことがあります。

好きな人と仲良くなりたいから、思いやりをもって接して、心配りをしていた。

そのうち嫌われないために尽くすようになる。
↓
最後は尽くすことが目的になり、尽くさないと自分には価値がない、居場所がないと思い込んでしまう。

ほら、あなたはもう相手なんか見ていない。自分のカルマに振り回されているだけ。当然、相手はあなたから離れていきます。そんな優しさちっとも心地よくないんだから。

負のスパイラルに飲み込まれないためにはどうしたらいいか？　自分に聞いてみたらいいの。

そのアクションには、はしごがかかっていますか？　って。

たとえばね、カレーライスを作るときのことを考えてみて。野菜と肉を切って、よく炒めてから、お水を加えて煮込んで、灰汁《あく》をとって……ってするじゃない。

それって全部ゴールは「おいしいカレーを作る」でしょ。

Aのアクションの次にBのアクションをしたら、Cのゴールになる。A→B→Cの矢印がクリアに見えているなら、基本的には大丈夫。でも、B地点でうだうだ考えてCに届かないパターンもあれば、蛇が自分のしっぽをくわえるように、A、B、Cがぐるぐるの輪になってからまってしまうこともあるの。

Aから B へと進むうちに、なぜかCじゃなくて、Zを目指したりして、できもしないワープをしようとしたりとかね。カレーの材料使って、お寿司はできないでしょ。所詮無理なんだよ。

さっき書いた、最初の目的ってなんだっけ?

「好きな人と仲良くなりたい」でしょ。それが最後には「尽くしたい」になってしまう。どこかでおかしいって気づこうよ。だから、なにかするたびに考えてほしいの。

これは相手を喜ばせるためにしているのかな？　それとも自分の不安から出ている行為なのかなって。

まだ紐づけプロセスに慣れていないうちは、自分一人で完結することを目標にして練習するといいよ。できれば具体的なもの。「資格試験に合格する」とか「お金を貯めて海外旅行に行く」とかでもいい。結果がはっきりわかって、数字や期限で区切られているもののほうが達成感があるじゃない。

逆に、相手があることや、抽象的なこと、たとえば「幸せになりたい」なんて目標を掲げると、迷子になりやすいからね。

ハニさんの一言

簡単な目標を立てて達成感を得るといいよ！

008

Hani's Love Words

「逃げ」と「卒業」は
全然違う
問題からの
立ち去り方って?

最近よく「卒業」って言葉が使われるよね。年度末には、テレビでお花をもらって「番組を卒業します」って涙を浮かべるのがおなじみの光景になったし。まあ、それがときには「引退」とか「クビ」とかをきれいに言い換えた言葉だったりもするんだけど、私は卒業ってとてもよい言葉だなと思っています。

問題を抱えている人。今ある状況が嫌でたまらない人はどうしたらよいか。逃げずに卒業することを目指してください。卒業証書をもらって、達成感をお土産にもらって、きちんと一礼してドアを閉める。そんな終わらせ方をしてほしいの。

困難な場面に直面すると、人は今までのパターンをくり返します。つまり、頑張る人は頑張るほうへ、頑張らない人は頑張らないほうへ。どちらも「逃げ」であることにかわりはありません。

まず頑張らない人。転職をくり返し、恋愛でひとつでも相手にケチがつけば、リセットボタンを押すように、新たな相手を探す。なにも学んでいないよね？なにひとつ単位をとらずに自分からドロップアウト。だから同じ失敗が続き、なにひとつ得られません。

そして頑張っちゃう人。じつはこちらのタイプのほうが問題は根深かったりするの。なぜなら、一見とてもよいことをしているように見えるから。

でもそうじゃない！

ブラック企業にとどまり続ける人は、頑張ることが逃げになっているし、恋人とずるずるの関係を解消できない人は、問題と正面から向き合うことが怖くて逃げているだけ。思考のスイッチを切って、頑張ってさえいれば状況は変わると思い込もうとしているの。

問題に直面したら、それは自分のせいで引き起こされていることなのか、相手の問題なのかをきっちり判断しようよ。目をそらさないでじっと観察してごらん。自分の問題を越えて、人のカルマをわざわざ背負い込もうとしていない？それはあなたにはできないことなの。まして心が弱っているときに、そんなことできっこない。

そして、問題から離れられない理由のなかに「でもいい人もいる会社だし」「あの人は変わってくれるかも」なんて思いがあるなら、それもいらない。自分でちゃんと幸せを作れる人は、むやみに人に同情や共感しないものだから。

卒業というのは、「これは自分にはどうしようもないことだ」と見極めることからはじまります。そして卒業したあなたには必ずギフトがあり、確実に成長につながります。だから逃げてはいけないの。

今後、もし迷うことがあったら自分に聞いてみて。

「今までの人生を振り返ったときに似たようなパターンはあった？」

「そのとき私はどんな選択をしたっけ？」

「それは成功した？」

離れてよかった。迷いながらも断ち切ったことは成功だったと思えれば成功パターン。それを体に覚え込ませてね。頑張り続けてきた人が「できない」「もう無理」と声を出すことで、カルマは少しずつ解消されていくものだから。

ハニさんの一言

どうにもならないときは「もう無理！」って声に出そう！

もう無理ーーッ

宇宙とは
「ありてある」もの
あなたとも
つながっています

宇宙飛行士でもないから、私たち一人ひとりにとって宇宙のイメージはさまざまでしょう。私は宇宙をエネルギーの根源と捉えています。

私は小さいころから、宇宙の存在を感じてきたの。頭に浮かんだ疑問の答えが返ってきたり、声なき声が聞こえたり、願いが叶ったり。だから私にとって宇宙は「ありてある」もの。

あるからある。

あるんだからあるんだー!!

それが疑いようのない真実なんだーって。

私たちは宇宙という大きな体の細胞のひとつ。私はあなただし、あなたは私。みんな宇宙に許可されて、この世に生きているという感覚があるのね。ただそれを感じられるか、感じられないかの違いです。

えっ? 感じられないよ。

宇宙なんて見たことないし、さわったことないもんそういうクライアントさんに対して私はよく「8探しの宿題」を出します。「まずは数字の8を見つけられますようにってオーダーしてみて。そしてこのお部屋を出て、家に帰るまで8を探してみて。何回見たか数えて教えてね」って。みんな探しますすよ。そうすると見つかるでしょ。

時計の8、看板の電話番号、関ジャニ∞のポスター、夕ご飯は八宝菜……。まるで目に飛び込むように、「私はここにいるよ」って教えてくれるみたいに8が姿をあらわします。

あれー、今まで気づかなかったけど、意識するだけで私の身のまわりは8だらけだ！　って思うわけ。これも成功体験です。よくあるでしょ。テレビで「今これが話題です」って新商品が報道されたあと、急にその広告が目についたり、持っている友だちを見つけることが。目が開かれる、意識のなかに入ってくる、宇宙とのつながりもそれと同じです。

宇宙はいつだってあなたの前に広がっています。そこに素直に手を伸ばせるかどうかはあなた次第。

よく「自分は晴れ女だ」「雨男だ」って言う人がいるでしょ。幸せになる道はそれとよく似ているの。「自分は晴れ女だ」と自覚している人は、旅行やデートや子どもの運動会のとき「私は晴れ女だから晴れるに決まってる」と確信しています。

それが無意識の強いオーダーとなって宇宙に伝わり、無邪気な願いは叶う。それが彼女の自信を深めて、ますます宇宙とのパイプは太くなっていきます。

同様に「雨男」を自認する人は、本当は晴れた日だってあるはずなのに、大切な日に雨が降ったことばかり記憶する。そして、せっかく今日友だちとドライブに行くはずだったのに雨が降れば「ごめんね。俺のせいだ」と謝り、みんなからも「お前のせいだぞ」なんて言われて、雨男のレッテルはますますはがれなくなるわけです。

困ったことに、雨男なんて傘屋さんくらいじゃなきゃ喜ばないはずなのに、

「雨男」と言われて喜んでしまう人が多いでしょ。不幸のレッテルをはられても、不幸を証明してしまうことに喜びを感じてしまうと、そのスパイラルから抜け出すことは難しくなります。

それなら、自分に不幸のラベルをはるより、お気楽脳天気なくらい、幸せだー、私はラッキーだーって思っていたほうがいいじゃない。8を探したように、小さな幸せを探して「オーダー叶ってる！」って手をたたいていたほうがいいじゃない。

宇宙は、あなたが自分を扱うように、あなたを扱います。あなたが自分を見放さなければ、宇宙も決してあなたを見放しません。

だから、普段自分になにもしていない人が、宇宙になにかを願ってもなかなか叶わないんだよ。

ハニさんの一言

今すぐ「8」を探してみよう！

010

Hani's Love Words

憎しみを中和するレッスンは嫌いなものに「なりきる」こと

陸の孤島に住んでいるわけじゃないから、苦手なことや、心底大っ嫌いな人を避けて生きていくことはできないよね。なんとか折り合いをつけて共存していくしかない。

嫌いだ、嫌いだと意識すればするほど、なぜかその存在は目に飛び込んできます。ほら、ゴキブリ嫌いな人に限ってすぐ見つけちゃうでしょ。目の端に入っちゃうし、カサコソ音が聞こえてくる。

この人嫌いだ！　と思えば思うほど、ランチ先やエレベータで偶然会っちゃう。あなたが意識するほどに、強く引き寄せちゃうんだから仕方ないの。

そんなときどうやって乗り越えるかを考えてみましょう。

人は自分と同じものを嫌いになることはできません。それは自分自身を否定することにつながるから、本能的に拒否するの。

だから、あなたが嫌いなものの要素をちょっとだけ体に取り入れると、憎しみは薄れます。ちょうどワクチンみたいなものかしら。ガンガンに入れたら本当に病気になっちゃうけど、ほんの少量なら、むしろあなたが感染しないように守ってくれるでしょ。

私の苦手なものは、過去世の影響でサメなの。そもそもここは陸なんだけどね。っていうか、この都会でサメ怖いっておかしいなあって自分でも思うんだけど、とっても苦手。すっごく怖い。というわけでサメになるんです。

サメのステイト（状態）に入るわけ。ポイントは、自分のイメージのサメになることではなくて、生態としてのサメになること。ほら、私のイメージするサメは、24時間人を殺そうと目をギラギラさせて、なんならお風呂場にでもあらわれそうな勢いなの。でもサメって本当は人間をエサとは認識していないという説もあるし、人間だけを探し回っているわけじゃない。いろんな種類がいるけれど、深海に住むサメはのろのろと泳いで、何百年と生きるものもいるとか。自分の固定概念を取り払って、サメそのものを知って、なりきるの。自分はサメだって思って、広い海を海を泳いだり、魚を食べたり。あほらしいと思わずに心底なりきる。ジェットコースターが苦手なら、自分がジェットコースターになってお客さんを乗せて、まっさかさまに急降下してみるの。人を危ない目にあわせようとするわけじゃないよね。スリル満点だけど、安全に、ヒャッホーって滑走する感じ。

嫌いな人に対しても同じ。大っ嫌いな上司の口調や仕草を真似たり、趣味を合わせてみたり、相手の感覚に入ってみる。一人なりきりプレイなんだから、無理に笑顔を作って本人に話しかけるよりよっぽど楽だよ。

つまり、苦手なものと自分を同化させるってこと。ワクチンを打てば、自分のなかに免疫ができてきます。だからって、急にジェットコースターマニアになったり、嫌いな人のことを大好きになれってわけじゃないのよ。

目指すのは、意識しなくなること。好きとか嫌いとかじゃなくて、「こんなもの、こんな人がいたっていいよね」って自分で許可できるようになること。だから目に入っても心がざわざわしない。意識しないから出会わなくなる。で、さようなら〜。ね、いいでしょ？

そして、もうひとつ大切なことを付け加えると、じつは大いに反発するものに対しては、人は無意識でも強烈に惹かれていることがよくあるんだよ。

あなたが苦手なあの人。どこが嫌いか言ってみて。わがままなところ、陰口をたたくところ、男と女の前で態度がガラリとかわるところ。そうね、いっぱい出てくるよね。

でも、あなたは自分の気づかないところで、「あんなふうに自分の言いたいことを言えたら」「臆面もなく媚び売ってるけど幸せそうでいいな」とか、うらやむ気持ちが潜んでいるものなの。それをあなた自身が認めて、許可をすることであなたが楽になります。ちょっと勇気がいるんだけどね。

憎しみばかりに心を占領されていたらつらいじゃない。もっとポジティブなもので心を満たしてあげようよ。

ハニさんの一言

なりきりプレイで苦手を克服

011

Hani's Love Words

宇宙と調和した
欲求を持ったために

「本っっ当にお金0なんです。超貧乏なんです」
「私のまわりにはいい男が一人もいないんです……」

大げさ大げさ。クライアントでお金がないと嘆く方には、私の前でお財布を開いてもらいます。0円だった人を私は見たことがありません。ちゃんと入ってるの。帰りにお茶を飲んだり、ブラウスの一枚は買えるくらいのお金がちゃんと入っています。

いい男がいないとわめく人には「本当にいない？　お父さんだっていい、あなたの家の担当の宅配便のお兄さんだっていい、今日乗ったバスの運転手さんだっていい。じーさんだって、結婚している人だって、ご縁がなくて別れちゃった人だっていい。あなたのまわりにいい男は本当にいない？」と聞くと、「そりゃいますよ」とみんな答えますよね。

あるのよ！　いるのよ！　でもあなたが「ない」にしているだけ。もともと日本人は「ない」という意識を強烈に持っている人が多いです。だから望むことに現実味がない。「億万長者になりたい」「ハンサムでお金持ちで心が広い彼氏がほしい」みたいな、絵空事しか思い描けないの。

つまり欲のメーターが壊れちゃってるのよね。0だって嘆くか、100を超えることを望んでジタバタするか。だから苦しいのね。なにかを渇望するということは、「ない」というエネルギーから生まれるものだから、強烈なみじめさを引き起こします。

まず言葉には霊があります。言霊ね。あなたが、ないと言えば、ないことを証明するように、お金も恋も幸福もあなたから出て行きます。だからまず、つまらないことを口にするのはよそうね。それが第一歩。

そして、「ある」ことを見る。「なんだお財布のなかに5000円も入ってるじゃない」「後輩の男の子、すっごい感じがいい子だな。なんかいっしょにいると元気出るな」とかでいいんだよ。ただ事実だけをちゃんと見て、喜んでみるの。

あのさ、つくづく思うんだけど、「今の身の丈」に合った欲ってものがあるのよ。別にベンツに乗らなきゃ、出かけられないわけじゃない。飛行機だってファーストクラスに乗っても、エコノミークラスに乗っても同じ時間に同じ場所に着くじゃない。友だちの結婚式で「えええっ。あんたあれだけ理想を並べ立ててたくせに結局コレ！⁉」って失礼ながら思ってしまったカップルが、それなりに幸せそうに暮らしているじゃない。年賀状をもらうたびに、かわいい家族が増えたりして、なんか楽しそうじゃない？

それでいいんだと思うの。私たちのなかの不安や恐怖が減れば、欲望の振り幅は狭くなります。多くを望まなくなるの。軽自動車でいいよとか、中古でいいじゃんとか、ちゃんと自分のキャパシティに合う欲望を持てるようになります。

逆もあるの。私はバツイチだから、まあ、あまり高望みできないな、なんて思い込みを外したら、ハンサムでうんと若くて、あなたにメロメロという男性があらわれるということもあるし、自転車でいいからって自分に言い聞かせず、やっぱり必要だからと高級外車を買うこともある。大切なのは「今の身の丈に合っているかどうか」です。

それが、宇宙と欲求を調和させるということ。

宇宙はちゃんと必要な分だけあなたに与えてくれます。クライアントさんのなかには、必要だと思ったとき、なぜか家のなかからまとまったお金が出てきたって経験を持つ人がいくらでもいますよ。

こんなところに入れた覚えないのに……って思うようなところからポロリと出てくる。

だからないほうに目を向けず、少しでもあるのなら、そのあることに目を向けることね。自分のキャパシティに合った、身の丈の欲を満たしていくと、人はステージアップしていきます。自分の環境をバカにする人がいるでしょ。そういう人は万年そこから脱出できません。たとえ、今の状況に不満があっても、そのなかで喜びを感じ、自分を励ましていけば、予期せず収入があがったり、よい場所に引っ越しできたり、すてきな出会いがあります。目指すのは「ない、ない」という不安を感じなくなること。幸せメーターが１００を振り切れば＝幸せではないってわかってほしいな。

ハニさんの一言

幸せメーターを調整しよう！

012

Hani's Love Words

役割と自我の引き起こす
アンバランス
沈没船にしがみついても
助からないよ

少し昔のテレビドラマではよく聞かれたよね。

父親としての責任
長男だから当たり前のこと
女らしく男らしく

みたいな。

もともと日本人というのは、自我を抑えて役割を生きることで暮らしてきた人たち。人目を気にして、恥をかくことを恐れ、瞬時に上下関係を見極めて、自分がどう振る舞ったらよいかを判断するの。ＫＹなんて言葉が生まれるずっとずっと前から、日本人は空気を読む達人だったわけです。そうしないと村八分にされちゃうからね。

ところが、「女は家庭に入るものだろ」とか、「長男なんだから後を継ぐのが当たり前」みたいなことを言うと、現代日本では間違いなく「古くさいっ！」って叩かれるよね。もしこんな価値観で描かれたドラマがあったら暇な人がウヨウヨ集まって「差別だ」って騒ぎ立てたりしちゃうだろうし。

そろそろみんな役割を生きることが馬鹿らしくなってきちゃったみたい。「そんなのおかしいじゃん！　好きに生きればいいじゃん！」って立ち上がったわけですよ。でも、まだまだ「好きに生きる」ってことの本質がわかっている人は少ない。するとどうなるか？

他人には役割を求めて、自分には自由を与えます。

そういう状態だから、今の日本人はすごくカルマが見えやすい。泥だらけのソックスに漂白剤をかけたときみたいに、シュワ、シュワ、シュワーって派手な音をたてて、汚れが浮き上がってくるようなものだよね。価値観が大きな変貌をとげる分岐点に私たちは立っています。

昔はなにも考えずに役割のレールに乗っかれば、それなりの安定と幸せが手に入っていたの。そんな昔と今のよいとこどりをしようとしていまい、自分が楽できるところはちゃっかり甘えて、他人には役割を押しつけながら、自由に生きたいっていうのはただの赤ちゃん!! そんな幼稚な願望があなたにも残っていませんか?

親は子どもを養うのが当たり前
会社は人を育てるのが当たり前
夫は奥さんと子どものために働くのが当たり前

自由に生きることに疲れたら、こんな当たり前に戻ろうとする。自分たちがここ数十年で忌み嫌って、ぶっ壊してきた沈没船にしがみついたって、もうあなたは助からないに決まってるじゃない。そこからはなんの安心感も得られないから苦しいのよ。クライアントさんにも多いよ。集団は嫌だけれど、狩りはできない。群れて暮らすことも、離れ小島で暮らすことも選べない。経済力はないから王子様に来てほしいけれど、おじさんは嫌だわなんて。

いるかボケっ！！！

ってことでしょ。

甘えん坊は恋愛すると、相手に父親母親を求める人が多いから、セクシャルな関係は築きにくくなります。日本はスピリチュアルリーダーなんていわれることもありますが、カルマレベルだと遅れている。個人と個人の自立した関係が築けていないから。

今の世の中、こんなに役割が崩壊しているから人生の正解なんてないの。クライアントさんにも「自分はどう生きたらいいでしょう？」って聞かれるけれど、答えようがない。責任をとる前提で自分でどうしたらよいのかを決める。それだけです。

自我のぶつかり合い、奪い合いからはなにも生まれません。まずは自分の力で立つしかないの。これからを生きていくためには、まず自分の甘えに気づくこと。自分のなかの矛盾から目をそらさないことです。

ハニさんの一言

好きに生きたいなら覚悟が必要

013

Hani's Love Words

ハイアーセルフと
ロウアーセルフ
その「配合率」を
変えていくために

みんな自分のなかに、「よい私」と「ダメな私」を住まわせています。これをスピリチュアルっぽく言うと、「ハイアーセルフ＝高次な自己」「ロウアーセルフ＝低次な自己」になるのね。

私の感覚では、心のなかに2人の人間が住んでいるというよりは、白から灰色、そして黒といった地続きにつながるグラデーションのイメージ。血糖値とか株価みたいに上がったり下がったり。

行きつ戻りつ、コンディションによって、白に寄ったり、限りなく真っ黒になったりするわけです。今、高みにいても、墜ちてしまうかもしれないし、墜ちた場所から這い上がることもできるということ。

ロウアーセルフを動かしているのは「我」です。

私はこんなことされた
私があなたを変えてあげる

私だって、**私**なら、**私**だけに…

もう、私・私・私のオンパレードね。私＝我《が》です。我なんて所詮、頭の上に乗っている帽子のようなものなんだけど、自分こそが自分自身の操縦者だと思っている面倒な奴。ロウアーが強くなると、「だって」と言い訳をしたり、まわりを恨んだりするし、私が私がというこだわりが強くなる。お腹に悪玉菌が増えちゃって、乗っ取られてしまう。我が感じている欠乏感によって、いつもなにかをほしい、ほしいと思っている飢餓状態ね。

ハイアーセルフ状態は、私という添加物がないからもっと世界をフラットに見ることができるの。我を越えた「私たち」という状態です。今度は奪うのではなく、与える世界。ミッションとパッションに生きることができるから、人に求められ、与えて、満足感を得られる理想的な世界です。

ロウアーセルフを脱するまでは高い山を登るようなもの。上に一歩一歩進んでいくのはときにつらいものです。でも頂上までたどり着けば、そこからはふわふわと舞い上がれる。つまりロウアーセルフが山だとすると、ハイアーセルフは空みたいなものかな。重力がなくなって軽々と飛べるような。山を登っているときは苦しいけれど、気球の砂袋を落とすように身を軽くしていけば、ふわりと気持ちよく浮かべます。誰だってハイアーセルフの配合率を多くして、白い自分で生きていきたいじゃない。

あなたの足を引っ張る「我」は自分でお掃除していくしかありません。「私が、私が」をなだめるのは自分。他人に期待するのではなく、あなたがお掃除をしましょう。満たされないものをあなたが埋めるの。

自分がロウアーセルフに引っ張られているなと感じたら、徹底的に自分にやさしくすることです。水を飲ませて、あたたかくして、たっぷり寝かせて、頭をなでて……「そうだね、そうだね、いい子だね」ってしてあげてください。瞑想やヨガ、アロマなんかをしている人は、もちろんそれもひとつの有効な手段です。

まるで赤ちゃんのように人に解決を頼まないでね。依存心が強いロウアーセルフのあなたからのお願いは、リクエストというより、ときに相手にとって脅迫のように感じられるから。

あなたの望むことを100%満たしてあげられるのは、あなただけ。そして他の人には、リクエストを断る自由があります。それを忘れないで。

自分が今、グラデーションのどこにいるのかに敏感になれば、上手に微調整していけるようになります。ロウアーセルフの真っ黒まで墜ちたら、やっぱり回復するまでに時間も手間もかかります。自分のコンディションと上手につき合えるようになるといいね。

ハニさんの一言

あなたを満たしてあげられるのはあなた自身だけ！

一人ＳＭは生産性０！ズブズブとはまり続けないで

人をいじめるのが大好きで、パワハラだってやっちゃうし、みんな自分の言うことを聞けって思いまーすという人は私のところに相談には来ません。

私は清らかに頑張っています。それなのに、ママが、彼氏が、親友が、いじめっ子なんです。みんなして私をいじめるんです。私ちっとも悪くないのに。

みたいな人がほとんどです。この本を手に取っている人もきっとそうでしょう。被害者ポジションに立って、自分は悪くないからまわりを変えてくれって思いがち。私は、そのあたりはざっくりスルーします。

どちらが正しくてどちらが悪いかということではなく、あなたが変わらなければ状況は動かないから。被害者でいることを選んだあなたは、被害者であり続けるためのオーダーを出しているわけです。

無意識のうちに、危険なところに身を置いたり、相手をあおるようなことをしたり。あおるっていっても、なにもオラオラっ！　てすることだけじゃないのよ。オドオドと相手の出方を伺って、ちょっとした刺激に目をウルウルさせていたら、それだって十分に相手をあおっていることになります。

わかるかな？　あなたの「自分は被害者だ」という設定が、相手のカルマを呼び覚ましているということ。「する人」と「される人」は、磁石のプラスマイナスのようなもので、磁力が強いほど強力に引き合ってしまうわけです。

そんな「自分以外はすべて敵」という設定を変えていってください。あなたが被害者ポジションをやめることで、相手の設定も変わります。たとえば、お子さんの不登校に悩んでいるお母さん。

心配する気持ちが強くなるあまり「こんなに気にかけているのに、あの子ったら私の気持ちをちっともわかってくれない」「まわりのお子さんはちゃんとしているのに、どうしてうちの子だけ」「どうして私だけがこんな思いをしなくちゃいけないの」といつしかお母さんが被害者ポジションに。

すると、お子さんは「不登校の子」に加えて「お母さんを悲しませているダメな子」という役割まで引き受けなくてはなりません。

カルマが要求してくる役をこなすにはエネルギーが必要です。それが解消されることで、もっとクリエイティブなことができるようになる。あなたから発せられる磁力が変わるのだから、引き寄せるものは確実に変わってきます。

とくにお母さんが被害者ポジションから抜け出すことで、子どもの不登校、リストカット、摂食障害がおさまるケースを私はいくつも見てきました。お子さんはお母さんからのリクエスト、役割を引き受けてしまうものなの。

あなたがもし、つらい状況にいるなら、そんなときこそ自分を被害者だと思うことをやめてほしい。被害者になることは、加害者を作っていることにほかなりません。どうしようもないことであればそっと立ち去る。でも、どうにかできることなら、決して被害者に成り下がってはいけません。日本人に多いカルマのひとつは「感傷」。でも、それってただの一人ＳＭだよ。そこからはなにも生まれないことをわかってほしいなって思います。

ハニさんの一言

もう自分を被害者だと思い込むのはやめよう！

うーーーん
設定変更しますか？
する
しない
どっちでもよい

015

Hani's Love Words

よいカウンセラーと
縁を結びたいなら
「だって」「どうせ」と
自分に制限を設けないで

お料理の本を読むだけで、おいしいお料理を作れちゃう人ばかりじゃないよね。お料理教室で直接指導を受けたい、という人もいるでしょう。教科書を読んでわかる子どもだけじゃないから、親はせっせと稼いだお金を子どもの塾代に吐き出すわけです。

だから、この本を読んでいるあなたが、「もっといろいろなことを知りたい。よいスピリチュアルカウンセラーに出会いたい」と願う気持ちはとってもよくわかります。でも、ヒーラー、カウンセラーを名乗る人にはいろんな人がいるんだよね。自分が救われたいからという気持ちで仕事をしている人もいる。

私のところに相談にいらっしゃる方のほとんどは、私のクライアントさんからの紹介です。やっぱり安心なのかな。お洋服やお魚を買うときみたいに、さっさと決められるものでもないもんね。というわけで「カウンセラーさんとの理想的な出会い方」についてお話してみたいと思います。

まず、個人セッションを選びましょう。

なんでもそうなんだけど「まずはグループセッションで雰囲気を見てから個人セッションに」って言う人多いじゃない。だけど、本来、順番は逆なの。グループセッションは塾、個人セッションは家庭教師みたいなものでしょ。マンツーマンであれば、あなたに合った勉強の仕方、ノートの取り方をオーダーメイドで教えてくれます。

最初に変なクセがついたらあとから直すのは大変。まず自分のやり方を見つけて、基礎を作ってから、グループに行けば自分で応用できるじゃない。グループセッションでこじらせてから来るほうが、回復には時間がかかるというのが私の実感です。私はグループセッション自体を否定しているわけではなく、ある程度の基礎が身についていれば、仲間と刺激し合いながら、自分を高めていくことは有効だと思うの。

大切なのはそのタイミングです。

あとは、やたら説教する人のところに行くのもやめたら？　だって、お腹が痛くて病院へ行って、レントゲンとったら、「あなたは食べ過ぎだ。バカヤロー」って医者が説教しておしまいってあり得ないでしょ。そういうスポ根系の人ほど、我慢によって問題を解決しようとさせます。

絶食させたり、何時間も座禅しろとかね。それって違うじゃない。成績を上げたくて塾に行ってるのに、床掃除したって成績はあがらない。数式のひとつでも覚えたほうが早いでしょ。目的に一ミリも橋がかからないようなことをさせるカウンセラーは私なら選ばないかな。

あなたの心構えも大切です。一度でどうにかしてもらえるなんて思わないで。私たちは魔法使いではないから、あなたのお顔を見ただけで、なんでもわかって、なにもかもを解決するということはできません。

中長期的な視野でお互いをわかり合いながら進めていきましょう。だって共同作業だもの。カウンセラーにしかできないこと、本人にしかできないことがあるから、二人三脚で頑張っていかなくてはなりません。
歯医者さんは虫歯を治すことはできても、毎日家まで訪ねて行って歯を磨いてあげることはできないし、薬を飲んだかなんていちいち確認することはしないでしょ。というわけで、カウンセラーがいるからもう安心と、すべてお任せでは意味がありません。

そして、お金をケチろうとするのはやめてほしいな。お金は、時間、エネルギー、決断などを得るために必要となるツールです。ゆえに自分の役目を果たすカウンセラーさんは、その労力に見合う対価を提示します。それは自分のキャリアに自信を持っているからでもあります。カウンセリングに適した環境を整えるためにはお金が必要です。

私の例でいえば、よりよいコンディションでクライアントさんをお迎えできるよう、日々自分をメンテナンスしているし、スキルアップのために資格を取ったり、勉強をしたりしています。専用のマンションを用意したり、地方ではホテルをとって、安心安全にお話ししてもらえるように気を配ります。ありがたいことに、私はいただいたお金でご神事に行かれるし、寄付もできる。私は私のできることで、お金をいただき、世の中の幸せのために役立てられたらと願っているの。だから、そういったことに気付かず、値段だけを見て「高〜い」なんて言われると、とても残念な気持ちになります。

世の中に無料のものなどひとつもありません。全部が「ありがたいもの」だということをわかってほしい。それを否定したり、値切ったりするのは、ルール違反。「お試しで」とか「一回で限り」と言って来る人は、みんな離れていきます。飛びつく人は、飛び離れるものです。

「子育て中だから」「忙しくて時間がとれないから」「カウンセリングなんて贅沢だから」と、行かない言い訳をいくつも考えて、自分に制限をかけず、一歩踏み出すとたくさんの気づきがあります。自分をネグレクトせず、自己投資するに値する人間だと、やさしく気遣ってあげましょう。

私も昨年は1800セッションくらいしたかな。これからもよい出会いがあるといいなと思っています。

ハニさんの一言

無料やお試しに飛びつかない

無料

016

Hani's Love Words

「それどころじゃない」ときほど「それ」をやってみるんだよ

あ～、これはまずいモードに入ったわぁ……

と感じる瞬間ってあるよね。なにをやっても空回り。すれ違ったり、誤解されたり、もう全然うまくいかない。

そんなクライアントさんが訪ねてきたときは、まず深呼吸をしてもらいます。つらいときって呼吸がとっても浅くなるの。「息してる？　大丈夫？　おーい！」ってお顔の前で手をブンブン振りたくなるくらい、体がカチコチになっている。まず息してくださーいって体を目覚めさせます。

意識をしながら呼吸をするの。吸ってみよう、吐いてみよう。吸ってみよう、吐いてみよう。ひとつひとつの動きを意識しながら呼吸してみて。体の隅々にまで、きれいな酸素を行き渡らせるように。そのうちに少しずつ、視野が広がり、脳が変わります。見える世界が広がり、局所的にしか見えなかったものを俯瞰で捉えられるようになってくるよ。

それから宿題を出します。グレープフルーツ食べてみてとか、新しい石けんを買ってみてとか、海へ出かけてみてとか、高いいちご、たとえば1000円のあまおうを買ってみようとか。鈍くなっている五感を刺激して、呼び覚ましてあげるように導きます。

呼吸しろだの、海へ出かけろだの、私が言い出すものだから、「先生、それどころじゃありません」とか「そんな気分じゃないんです」って言われることもあります。でもね、あなたが軽く見ている「それ」をしない限り心身は消耗するばかり。転落まっしぐらです。

つらいときは、新鮮な果物や野菜は、凄腕カウンセラーさんと同じくらいの力があるものなの。悩んでいる人は、食事も睡眠もおろそかになって、糖質だらけの菓子パンで夕食をすませて、化粧も落とさずに、そのへんに転がって寝ちゃうじゃない。

しんどいときこそ、お日様をたっぷり浴びたふかふかのお布団でお昼寝して、きれいなお水を飲んで、人が手をかけてつくったものをありがたくいただくことです。おそうめんのツルツルや軟骨のコリコリ、高級石けんのよい香りで自分に生きている実感を与えてあげることです。

あーおいしいなあ。あー気持ちいいな。あーなんか幸せだな。それがなによりの癒しになる。カウンセラーさんのところへ行って、一瞬で解決しようとするより、日々の生活を整えることのほうが大切。私はそう思っています。

スタート地点はスタートに立つことから。そこから具体的なハウツーをしていけばいいと思う。

ちょっと元気が出てきたら次のステップとして、思いっきりバカなことしてみるといいよ。私この前、ガチャガチャに5000円使ったもんねっ。普段なら絶対しないんだけど、ほしいのが手に入るまでひたすらやってしまった。バカだね、バカだね。あたしバカだねって思いながらやっちゃう。それってガチガチにかたくなった心をほぐすイタ気持ちいいストレッチみたいなものだよ。やってどうなるって思うだろうけれど、自分の枠から出てみる。そうすると、疲れていた心のせいで、自分の枠がとってても窮屈でかたくて、でももろくなっていたことに気づくの。

そもそも5000円なんて、普通に生きていてもあっという間になくなるじゃない。えいやって使っちゃえ！　自分をバッカだなあって笑い飛ばせれば、出口はもうすぐそこだよ。

ハニさんの一言

解決は日々の生活を整えることからだよ！

017

Hani's Love Words

原因探しなんて
いらない！
過去には
戻れないんだから

みんなほんっとに原因探しが好きだよね。失恋する、病気をする、家族に問題が出てくる。すると、血眼になって、名探偵バリに、これまですべての時間を虫眼鏡でじーっと観察して

「私があのときあんなことを言ったから！」
「こんな生活を続けていたから！」
「だんなさんが全然協力してくれなかったから！」

そうなると、今度はその原因の原因を探しはじめるわけ。キリがないよね。全部の原因をたどっていったら、究極の最後は「私なんか生まれなければよかった」とかなっちゃうのよ。あなたという人がいなければ問題は起こりようがないんだから。ね、どれだけバカバカしいかわかるでしょ。

原因をまったく見ないで、たとえば太ったら「じゃあ食べなきゃいいんでしょ」って極端に走る人もおバカちゃんだけど、そういう人のほうが少ない。神

経質に原因をつっつく人のほうが多いわね。

悲しい気持ちやあせる気持ちで、いてもたってもいられなくなり、原因探しをすることで心のリハビリをしようとしている面もあるけれど、それってちっとも建設的じゃない。テレビが写らないのなら、原因を探せば解決するよ。でも、あなたの問題を解決するカギは「今からの選択肢」のなかにしかないの。

シリアスな病気と闘っている方がクライアントになることもあります。がんの方とかね。でもがんになった原因を探ることとは、過去から今に続く「がんができてしまった」という道のりを足で踏み固めていくようなもの。こだわるほどに、未来までがんに侵されてしまうの。

そういうとき、私は「このゴールしかダメと思うと苦しいですよ」とお伝えします。そして、「治るかもしれない、治らないかもしれない。でもひとまず心、過去世、カルマやオーラをお掃除していきましょう」って。だって、完治する以外はすべて失敗なのでしょうか？　恋愛もそう。別れた彼氏とよりを戻すことだけが成功なのでしょうか？　そんなことはないのだから。

その結果として、がんが小さくなる人もいれば、余命がのびる人もいる。家族との関係が病気になる以前よりも格段に良好になり、とても満ち足りた気持ちで死を迎え入れた人もいます。そのすべてが成功なんだと思うの。

だからどんな困難にぶつかっても悩まないでほしい。私の定義では、悩む＝どうしようもないことをくり返している。ってことだから。大切なのは、じゃあ次にどうしようかって選択することだけ。それをやるかやらないかだけで感情問題にはしないの。

私はがんを持っているけれど、私ががんなのではない。私は失恋をしたけれど、私は失恋という生き物ではなく、失恋を経験した人間であるだけ。自分＝

不幸と定義すると、不幸であることが前提になり、脳はそこに戻ろうとします。「風邪ひいちゃった」と思うのは、元気が通常で、いつか元に戻ると素直に信じているから。「私が元気なんておかしい。だって私は病んでいるんだから」と思えば、脳はあなたを不健康な状態に導きます。悩みは自分の一部であって、あなた自身ではないの。人生のなかでは傷つくことも病気になることもたくさんある。そしてもちろん最後は死ぬの。決してそれにとらわれないで。すべては、あなたの前を通り過ぎる風のようなものだから。

ハニさんの一言

いろんなゴールがあっていい！

どれにする？
未来
未来
未来

018

Hani's Love Words

サイキックパワーの
ある人が見る世界
どんな風景なのか
興味あるよね

サイキックパワーを持つ人の日常、きっと興味あるよね。

私は物心ついたときから、自分を俯瞰してみているような感覚があったの。小学校で勉強している自分を、もう一人の私が上から見ているような。そして、私は一人の人間というより、宇宙に包まれている細胞のひとつという感覚もずっとあったかな。こんな女の子が隣の席にいたらちょっと怖いよね。うーん、多分かなり変わった子でした。

そしていろいろなものが「見えてしまう」のも幼いころから。まるでマトリョーシカみたいに、その人をかたちづくる過去世や心のなかで思っていることが見えてしまうの。今でもよく覚えているんだけど、小学校のときの担任の先生で、かなりクセのある人がいてね。授業を受けていると、その人の顔が男になったり、女になったり、外国人になったり、もうめっちゃくちゃ。先生が過去世にとらわれているとき、その顔が出ちゃうの。だからいつまでたっても先生の顔が覚えられなかったんだよね。まるでジェットコースターに乗っているような変化に体が対応できなくて、最後は吐いて倒れてしまうこともよくありました。

人は生きている限り、内面と外面があって、それを上手に使い分けながら世の中を渡っていくでしょ。それが筒抜けで見えてしまうわけだから、けっこう苦しい。子どものころは、内側に持つものに反応していたし、10代のころは内側と外側のどちらをその人と捉えてよいのかわからなくてずいぶん悩みました。

自分が他の人とは明らかに違うことに気づいて、いろいろな指導者との出会いもあり、私のなかにある力が開花していったんだけれど、これもつきあい方を間違えるとかなり怖くて、「宇宙との一体感」が強すぎるあまり、私と他人との境界線がほとんどなくなった時期もあったのね。どうなるかっていうと、道を歩いていて、車にひかれそうになっても全然怖くない。いや、運転している人は怖いからっっっ！　て今の私ならつっこめるんだけど、「私もあなたも宇宙の一部」って感覚が研ぎ澄まされすぎると、そもそも自分の命という感覚がなくなるから、なにも怖くないの。

今は自分の力をコントロールしながら、クライアントさんとの出会いを楽しめるようになりました。今世で形づくられた顔とその奥に重なっている過去世を3Dのように見ながら、自分のなかで消化できるようにもなりました。外面も内面も、その人と思うから、その人が見せてくれるものを、そうですかって素直に受け取れるようになったし。

相手が隠しておきたいものに切り込む必要はないし、自分の力を押し売りしたいとも思いません。それは結局、強い北風みたいなもので、相手の心が閉じてしまうから。つらい状況にあるんだろうなっていうことがわかっても、私に助けを求められなければ「あなたが本当に必要とするときに、相性のあう救世主に出会えるといいね。それは私ではないかもしれないけれど、きっといるはずだよ」。そんな気持ちで接するようにしています。

ハニさんの一言

あなたにもサイキックな日常はありますか？

019

Hani's Love Words

サイキックパワーの
ある人が見る世界
私自身もまだ学生
アルバイトで家庭教師を
しているようなものです

「毎日、いろいろなクライアントさんの悩みを聞いていて疲れませんか？」ってよく聞かれます。そうね。昔はすっごくつらかったの。共感しすぎて、どうにかしてあげたくて、自分の生活を犠牲にしてもなんとかしたかった。でも、そう思うほど相手のカルマや負のエネルギーを取り込んでしまい、自分は消耗するし、相手と同化するばかりで、相手にも決してよい結果を生みませんでした。

今は、全然疲れません。忙しいときは、一日に6人くらいの方をお迎えすることもあるけれど、ハッピーな気持ちで続けています。それは、研究者目線になったから。さかなクンが、おもしろい魚を観察しているように、クライアントさんをみています。「こんな生態の人がいるんだ〜。新種発見だ」とか、「最近このテのカルマ多いなあ。どんな過去世と関連があるんだろう」とか。わくわくしっぱなしなの。カウンセラーはクライアント一人ひとりの人生に責任を持つことはできません。不幸なままの人生もある。どうしてもカルマを解消できない人もいる。

そこにはよいも悪いもなく、ただあるんだということを納得してから、カウンセラーとしての私は変わりました。宇宙は、幸せでも不幸でもかまいませんよと許可して、人間というプレーヤーを地上に送り出しているわけ。それにプラスして、幸せを望む天使やガイドが、私たちにメッセージを送りサポートしようとしています。天使やガイドは、私たちがカルマを積むような行動を望まないし、助けてはくれないよ。だから「●●が不幸になりますように」「●●が失敗して恥をかきますように」なんて、ドロドロドラマみたいな望みには一切耳を貸しません。

私はガイダンスを受けられるコンディションに引き上げるお手伝いをし、メッセージをわかりやすい言葉で伝える通訳者です。そのことに謙虚でありたいと思っています。だから、ただ目の前の人にベストを尽くし、その時間を大切にする。それがすべてかな。

そして、クライアントさんにとっては、大学生のアルバイト家庭教師のような存在でありたいと思っています。私だってまだ同じように勉強中の身で、自分がついこの前まで習っていたことを教えてあげているようなもの。

必要なアドバイスは天使やガイドが教えてくれるから、カウンセラー自身は神様である必要はありません。「ちょっと前にその問題解いたよ。そこは教えてあげられるよ」ってにっこり笑える、ワンランク上くらいがちょうどいいよね。

だから私はクライアントさんにはやさしいよ。説教系のところを経験した方からは「先生は全然怒らないんですね」って驚かれるけど、必要なのは共感でしょ。「そう、そこつまづきやすいよね。わかるわかるー。私も苦労したんだよ」とか「まあテストで失敗することもあるよ。また次に頑張ればいいよ！」って言われたら、この先生と頑張ってみようと思うじゃない。

生徒から信頼されなければ、どんなによい授業をしても響かない。過去世を裁くより、未来のため、幸せにために感情問題をロジカルに整理して、解決に導くことが私の役目だと思います。

そして、私自身も大学生なんだから、単位をとって卒業しないといけません。よくいるでしょ。アルバイトに夢中になりすぎて、単位落として留年しちゃうパターン。カウンセラーさんにも多いです。やっぱり学生の本分は自分の勉強。勤労学生である私は、自分の授業をおろそかにはしないし、自分のテスト期間中は家庭教師をお休みして勉強します。だって、勉強しないで遊んでばかりのちゃらんぽらんな先生なんて嫌でしょ。質問しても、適当なことを言ったり、ただ参考書の解説を読んでくれるだけじゃお金返せと思うじゃない。私が自分を高めることが、クライアントさんのハッピーにつながると信じて日々自分を磨く努力を続けています。

ハニさんの一言

あなたも私も日々精進

勉強中

020

Hani's Love Words

「あーなんでもいい」
その一言が
あなたの魂を
曇らせます

「今日のランチなに食べようか」

「週末のデート、どこへ行こうか」

「この恋愛映画もいいし、あのアクション映画も話題だよね。どっちにしようか」

はいはい。答えを聞く前からわかっています。日本人のほとんどはこの問いかけに
「なんでもいいよ」

と答えます。考えていないと思われないように、いかにも相手に譲っているふうを装って「あなたの好きなほうでいいよ」と付け加えることも多いようですが、結局考えていないだけでしょ。決断することによって生まれる責任を放棄して、安全なところにいたいだけ。そんな人生で楽しいか！　と思います。

だって、逆の立場に立ってみようよ。

「今日はパスタの気分だわ」

「覚えたての曲があるの。カラオケ付き合ってくれる？」

「絶対、恋愛映画がいい！」

って言われて嫌な気持ちする？　しないよね。もし気分じゃなければ、別の提案をすればいい。でもねぇ、できないんだよね。なんでだろう。それはあなたのなかにある恐怖心によって、安全を求めることが第一になっているから。


魂の根源にあるのは「恐れ」です。生まれる前の魂には、恐れがないからとっても自由。生まれたら、あんなことしよう、こんなことしようってわくわくしているのに、この世に生まれ落ちたとたんに、恐怖心に縛られてしまいます。そこからカルマが生まれるの。

生まれる前の自由な希望と、生まれた後の不安……。そのギャップを解消する最良の道は、「決断をすること」です。

自覚的に道を選び、自分が下した決断で、自分は幸せになれるのだと実感すること。それが、あなたの恐怖心をやわらげていきます。失敗したっていいの。とにかくあなたが自分の人生のプレーヤーであり、運転席に座っていると魂に納得させることが大切。

その決断って、誰と結婚するとか、どこに転職するとかそんなスペシャルな一個じゃなくていいんだよ。あなたが「なんでもいいよ」と流してきた、一秒一秒ごとの、すぐ目の前にある決断です。

朝、寝坊するのか、気合いを入れて起きるのかからはじまって、パンを食べるのかご飯を食べるのか、着ていくのはワンピースかパンツスーツか、ランチは誰と食べるのか。小さな決断の千本ノックを受けるんです。無自覚的に流していたことを自覚的にする。したいことを自分で選ぶ必要があります。

人間関係のなかでも、「なんでもいい」をやめて、口に出してみること。「安全でいたい。傷つかずにいたい」という殻をやぶってみたら「あれ、あんまり怖くない」と体でわかってきます。そんな経験から「この世に生まれてきてよかった」と心から思えるポジティブな自分が育っていきます。やったらできた、できたらうれしい、もっと自由にやってみたいと、縮こまっていた魂を少しずつ明るいところへ引っ張り出してみて。日々のなかで少しでもいいから、自分に正直に生きてほしい。

こんな練習を続けるうちに、「あ、あの子どうしているかな。連絡したいな」なんて小さな欲求に敏感になるよ。今までなら「ま、今度ね」って流していたことを、すぐ実行できるようになる。ちょっと恥ずかしいな、面倒くさいな、でもやってみよう！　ってポジティブな選択ができるようになるんだ。丁寧に生きている人はそれができる人。ちょっとあこがれちゃうでしょ？

ハニさんの一言

さぁ、今日のランチはなに食べる？

021

Hani's Love Words

強烈に惹かれ合う
「運命の人」
思っているほど
いいもんじゃないよ

大親友に「私たちソウルメイトだよね」と言いたくなる。付き合う彼は、「運命の赤い糸で結ばれている人」と思いたがる。なぜか強烈に惹かれ合う人と出会うことあるよね。クライアントさんからも、「ソウルメイトと出会うためには」とか「彼は運命の人でしょうか」ってよく聞かれるんだ。

じつは、ものすごく惹かれるということは、過去世においてその人との間に思い残しがあるからなの。人は悔いのあるものに執着します。「私たちはもっとうまくいくはずだったのに」「私たちは最高のパートナーになれるはずだったのに」……。そんな後悔が、相手に理屈抜きで惹かれる原動力になっていることがすごく多い。要はリベンジなの。あなたと相手が過去世から成長していなければ、同じ結末が訪れます。インパクトが強すぎて関係を維持できないからね。だから私は赤い糸なんて思わない。黒い糸だよ。

あなたが成功体験を積み重ねることによって、惹かれる人はきっと変わってきます。不幸な人は不幸な過去に執着して、そのときに出会った人との縁を再び未来に持って行くことになる。あなたは今どのレベルにいるのか、どんな気持ちから相手を求めているのか冷静に考えてみましょう。

だけど、サイキックパワーがないなら、それを見極めるのはすごく難しいよね。だから私は、古いお見合いおばさんみたいな価値観ってすごく大切だと思っているの。彼氏や友だちを選ぶとき、どんな家で育ったのか、どんな仕事をしているのか、金銭感覚はどうかを知ることは必要だよ。「仲良しなんだからいいじゃない」「結婚するわけじゃないし」って思うかもしれないけれど、関係が深くなるほど魂は相手にシンクロしていきます。

とくに彼氏と結婚を考えるなら、収入や、子どものこと、親のことをがんがん聞く。健全な人は聞かれたらちゃんと答えてくれるよ。同じように、あなたも自分の「釣書《つりがき》」をちゃんと相手に伝えてね。「私はお料理が大好きで、子育ても自分でしたい。器用なタイプじゃないから仕事も家庭もは無理。専業主婦になりたいの」なんて、今の時代に逆行するようなことだって、自分が望むなら話せばいい。自分の望み、相手の望みを伝え合う、ときにぶつかることがあっても、意見を交換して、二人で道を選び取っていく過程で、コミュニケーションが育っていきます。早合点して、二人の未来を狭めてしまうのはもったいない。

あなたの人生に深く関わる人を選ぶときに、スピリチュアルの要素を信じすぎることは危険です。そしてそんなものに頼らなくても、親友や彼氏はちゃんと見つかるよ。そして二人でコミュニケーションをとりながら、ソウルメイトになり、運命の人になっていけばいいじゃない。そういう意味では、あらかじめ決まっている先天的なものではなく、あなたが作る後天的な絆というイメージね。

ちなみにソウルメイト、運命の人と並んで、よく聞かれるのが守護霊のこと。守護霊はあなたを導き、守ってくれる霊と思うかもしれませんが、じつは似た人がくっついていることがほとんど。のーんびりした人の後ろには、同じくのーんびりした人が「明日でいいよ、明日で」とお尻ポリポリかいたりしています。せっかちな人の後ろでは、その人をなだめるどころか「ほらほら急いで」とさらに急かしたりしています。あんまり意味ないの。だから過剰に期待しないでね。

ハニさんの一言

コミュニケーションをとりながら絆を作ろう！

いい人

022

Hani's Love Words

パワースポットめぐりも
ほどほどに
神頼みって怖いのよ

パワースポットなんて言葉が出てきたせいかな。聖域といわれるところが踏み荒らされるようになったのはとても悲しいことです。結界がやぶられていたり、名前のシールがはられていたり、ゴミが落ちていたり。本当にひどい。したくもない注意をせざるを得ないときもあります。みなさんも、パワースポットに行ったけれど、逆につらくなったり、気持ちが重たくなったなんてことがあるかもしれません。

みなさんなんらかの御利益を求めて、そういう場所に行くのだと思うけれど、うーん、それはどうかなという気がします。たとえば、日本に数多くある縁結びの神社。それらは「世の中のカップルが結ばれますように」なんて浮かれた理由で建立されているのかしら。よく由来を調べてみてね。基本は権力の誇示や、争いの結果が起源になっています。

しかも縁結び神社には「恋人ほしい！　でもできない！」ってただならぬエネルギーが渦巻いているわけでしょ。人の魂ってシンクロするの。メトロノームって、バラバラに動いていてもやがてそろうって知ってる？
蛍もいつの間にか同じリズムで点滅する。同じだよ。恋人ほしい、お金くれといった欲望がギラギラ取り巻いているわけだから、あなたがよほど心身を清らかにしていかないと……、なにが言いたいかわかるよね。

神様はよきものを導き、守り、支援するけれど、宇宙銀行というところは善悪のジャッジをしないから、自分が投げたものが返ってくるだけ。今のその人に見合うものを引き寄せることになります。

だから、ただすがるだけではダメ。今のあなたの状態で神様になにかを投げかけたとき、どんなものが返ってくるのかを考えてみて。そして、みんなもっと真摯な気持ちでパワースポットに赴いてほしいな。これは私の心からのお願いです。そしてパワースポットでは、「私のことを浄めてください、正しい方向に導いてください」と願い、同時に「世界が平和でありますように、みんなが幸福でありますように」と自分の利害に関係ない人の幸せを心から願うのです。

結局世界のなかに、あなたも含まれているんだから、祈るうちにあなたも変わっていきます。みんなのなかには、過去にあなたにひどいことをした人も含みます。「あいつは幸せにならなくてもいいもんね」と除外しようとしないこと。

私のおすすめスポットをお伝えするなら、ハッピーが渦巻くところ。子宝を望むなら、お宮参りや七五三でにぎわう神社なんかいいわよね。なにも遠いところまで出かけなくても子どもがいっぱい遊んでいる近所の公園だっていいのよ。「わあ、いいな。赤ちゃんかわいいなあ。お母さんたち幸せそうだなぁ」ってほわーっとしていれば、魂がシンクロしてきます。

私だったら、赤ちゃんにこんな服を着せてあげるな。いっしょにすべり台がしたいな。なんていっぱい空想しちゃうの。

すてきな彼氏がほしかったら、ラブラブなカップルを見る。あなたのご両親が幸せそうなら、そんな二人もよい見本なのよ。「お母さんいいなあ。歳取ってもお父さんと仲よしだなあ。こんな夫婦あこがれるなあ」って。

なにせ人間は想像妊娠できちゃうほどの生き物。エア赤ちゃん、エア彼氏を思い描くうちに現実になることは多々あります。

くれぐれも注意しておきますが、妬みとして投げた石も自分に返ってきます。だから、赤ちゃんを見たとき、「こんなかわいい赤ちゃんがいるお母さん幸せだろうな」と思うのと「あの人にばかりずるい。私ばかりが損している。どうせ私なんて幸せになれない。結局、世界は私にとって居心地のよい場所ではない」と思うのと、結果がまるで違うことはおわかりですね。どう思うかはあなたの自由。幸せになる道を選んでほしいな。劣等感、欲、嫉妬は悪になり、灰汁になり、毒になり、まわりも自分も染めてしまいます。あなたが人の幸せを喜ぶ無垢な魂になれますように。

ハニさんの一言

安易な気持ちでパワースポットは行かないほうがいいわよ！

023

Hani's Love Words

結婚や出産が
今世の課題に
なっていない人もいます

「結婚はしなくてもいいかな」「子どもはほしくないの」。そう口にする人は多いけれど、決意が鉄板ですってことは、あんまりないんだよね。みんな迷ってるし、罪悪感めいたものを持っているみたい。まあ「結婚して一人前」みたいな固定観念や、動物として、子どもを残したいっていう本能もあるから、そう簡単には割り切れないのよ。

でも、結婚も出産も自由選択です。そして、結婚や出産について学ぶべき課題を残している人は、なんだかんだ言ってその道に進んでいきます。ご縁がなかったということは、過去世で宿題をクリアして、今世では必要ないってこと。もしくは結婚・出産できるレベルに到達していないってこと。だから、焦る必要もないし、罪悪感を覚えることもないのよ。

まずは、結婚の話からしようか。パートナーがほしいと思わない、性的欲求もない、男と女の関係で求めるものがないと感じているなら、今世のストーリーに結婚は組み込まれていないのかもしれません。

過去世で、結婚から多くを学び、今世では家族にとらわれず仕事やボランティア、趣味の世界で課題を解決していくことになるのかもしれない。独身じゃなきゃできないことって、やっぱりあるもんね。

魂は結婚を望んでいないのに、さみしいからって結婚してしまう人も多いの。結婚できるレベルに達していない人がうまくいかないのは当然だけれど、もう結婚の課題はクリアしている人の場合は、うまくやれそうに思うでしょ。でも一番大事な心が満たされないの。

「私が望んでいたのはこんな生活じゃない」って不満が渦巻いてくる。ジョイのためではなく、不安から逃げようとしているだけだから。それでは相手も幸せにはなれないよね。

出産もそう。産まないのも全然ありです。問題なのは、まだ子どもを持つべきではない課題いっぱいの未熟者が親になってしまうことね。私は妊娠を望む人のお取り次ぎをすることもあります。そのときなにを伝えるか。

「この方は、親になるために自分の命を捧げてもいいと思っています。男の子でも女の子でも、障がいのある子でも、丈夫ではない子でも喜んで受け入れて、愛情をかけて育てるそうです。どうか、親になる経験をさせてあげてください」

そう言うの。

命がけで出産する我が子の顔を見るまでは、どんな子かもわからない。育てていくうちに、予想もつかない困難が降りかかるだろうし、そこまで苦労して育てたからって、なんの見返りもないかもしれない。

それでもいいよって言える人だけが、子どもを産み、育てることができるんだ。条件をつけたり、後出しじゃんけんみたいに手に入れてから文句を言うことはNGです。光がほしかったら、闇をOKしましょう。光だけの世界なんて絵空事。光と闇を併せ持つことで、光は強まり、不安や恐れが消えていくよ。光だけを求めるのは、「闇は怖い、闇から逃げたい」という気持ちが強すぎるからであり、結果的に光に背を向け、闇に向かって歩いてしまうことになります。

夫婦であれ、親子であれ、家族になればお互いのカルマを分かち合うことになります。表だけのいいところどりはできないから、陰の部分も引き受ける。それはなによりあなた自身の学びになります。

ハニさんの一言

闇をむやみに恐れてはダメ!

もやぁ〜……

024

Hani's Love Words

あなたが決める
「自分の価値」
低く見積もるほど
雑魚が集まるよ

あなたは自分の価値をいくらくらいだと思ってる？

「それはまわりが決めるもの。まわりが私を評価するんでしょ？」。いえいえ、そんなことはないの。自分で決めていいんだよ。すると今度は多くの人が、

「私なんて。全然ダメだから」

と自分に１００円シールを貼ります。さらに赤い半額シールまでつけようとする人も！

あなたが自分を愛さず、自分を評価しないうちは、面倒でセコくて意地の悪い人が集まる「雑魚コミュニティ」から脱出することはできないんだよ。

じつは私がそうだったの。もともとサイキックカウンセラーとしてクライアントに接するようになったときは、無償奉仕でした。宣伝したわけではなく、人づてに私のことを聞いた方が連絡をしてきたのね。

なぜお金をとらなかったか。それは「**私だけ**が宇宙からのメッセージを受け取ってしまって**申し訳ない**」、「特別な力は人のために役立てなくてはいけな

い」、「してあげるのではなく、させていただくという気持ちを持たなくては」なんて考えていたから。私の場合は、過去世で善行を積み、努力をしてきたから、今世この能力をもってスタートすることができました。ただ、今世でこんな自己卑下をしちゃったから、それがカルマ化しちゃったのね。だから、やたらと変な人が寄ってきたわけです。あのときの私の横っ面をたたいて目を覚してやりたいっ！

当時の私がどうなったか。夜中の2時、3時まで相談の電話がじゃんじゃんかかってきましたよ。そしてみんな高飛車に「どうにかしてくれるんでしょ？」と無理難題を押しつけてくる。「ごめんなさい。今、出産したばかりで体調が悪いんです」とか言っても「はぁ？　なんでやってくれないのよ」と怒られる始末。怒られれば怒られるほど、私は萎縮し、相手はもっと要求を突きつけてくるという悪循環でした。もっと悪いことに、日常生活のなかで知り合った友だちは「なんだか最近ばたばた忙しそうね」と気を遣って、あまり連絡をくれなくなりました。今ならわかるけれど、これは自分の質と価値観のギャップによって引き起こされるもの。私は悪いことをしていないのに、自己卑下してしまった結果、亡者のような人が近づく。つまり、私も呼び寄せてしまったわけ。優等生がわざわざヤンキーに近づいちゃうようなものだよね。

あなたに集まる人のレベルは、あなたが設定した「自分の価値」によって変わります。おもしろいほどに。

ある動物園は、入園料を無料にする解放日を設けているの。でもその日に限って、マナーの悪い客が殺到するんだって。たとえば、わざと大きな音をたてて動物を驚かせる。おもしろがってヤギにティッシュをあげてしまう。ゴミは放置。「無料」の言葉に群がる人の作る空気って、それはひどいものよ。

嫌な思いばかりして、私もさすがに目が覚めました。解決策は簡単。お金をいただくことにしたの。さらに対応できる時間をきっちり決めて、ルールを作り「私はこうしたい。それでもよろしければどうぞ。従わない人はお断り」としたら、非常識な人は煙のように消えました。さらに経験を積み、自分の力に見合う値段にUPすると、さらにクライアントのレベルが上がりました。悩んでいることが大好きで、悩むためにカルマをコレクションしているような人がいなくなり、前向きにセッションに取り組む人ばかりになったの。

安さだけを基準に集まる人は、目に見えない部分の価値にまったく気づかないし、見ようともしない。たとえば、ネイルをしてもらって「このマニキュアの原価なんて安いもんでしょ。手先の器用な友だちに頼めばやってもらえるようなことのために、「こんな料金あり得ない」って文句を言う。でも違うよね。技術やサービス、安心安全といった、目に見えないものの価値を無視したら、社会は成り立ちません。私たちの世界は、分配と循環をくり返しているのだから、お金を出すことにせこくなりすぎるのはやめようよ。

お金に限ったことではありません。あなたが決めた自分の価値は、必ずあなたの態度にあらわれます。「いいのよ。私暇だし。やっておくよ」「ここは私が払っておくわ」「大丈夫だから先に行ってて」。そんな言葉が口癖になっていませんか？　これって雑魚にエサをまいているようなものだよ。

あなたは、もっと人に求めてよいの。

人を信じて「助けて」って手をあげてみてください。
それは、お金だけではありません。
私を大切にしてください。
私に敬意をもって接してください。
私はそれだけの価値がある人間ですよ、と。

逆も同じなんですよ。お得とか無料に価値を置きすぎていませんか？　無料の列に喜んで並ぶことは、わざわざ雑魚のなかに身を投じるようなものだと思っています。私はごめんだな。

ハニさんの一言

自分を安売りしないでね！

025

Hani's Love Words

仕事にゴテゴテと
意味をくっつけすぎ
「1万円のステーキ
食べるため」で
いいじゃない

子どものころの夢はなんだった？

子どもが簡単にイメージできるものだから、ケーキ屋さんとか、サッカー選手とか、アイドルとか。今どきはユーチューバーとかなのかな。でも、結局は多くの人が、

「会社に通ってパソコンに向かって、人に頭を下げて、退屈な会議に出る仕事」だったり、

「お店に立って、疲れているときも笑顔で接客して、倉庫で在庫を探して、上司からもっと売れ！　とお尻をたたかれる仕事」だったりになるわけです。それでいいじゃない。

みんな仕事を通した「自己実現」が大好きだよね。自分の才能が発揮できる場所に行きたい。仕事をすることで自分を高めたい……。だけど、みんなが将棋の羽生さんや、野球のイチローや、ぎょ、ぎょ、ぎょのさかなクンになれるわけではないよ。自分の天職に巡り会える人、そもそも自分にぴったりの仕事

が存在している人なんて、ごくごく限られた人だけなの。

ではなにを求めるか。すごくシンプルです。

生きるための報酬を得ること。

仕事を通して自己実現しようなんて望まなくてもいい。苦労もあるけれど、嫌いじゃない仕事内容で、たまに海外旅行に行けるくらいに休みをもらえて、人間関係も悪くなく、労働に見合った報酬がもらえる。それが多くの人にとっての適職なんじゃないかな。

自分の稼いだお金でたまには1万円のステーキを食べる。最高においしいじゃない！　ファミレスばかりではなく、白いパリッとしたナプキンを膝に広げる贅沢。ああ、幸せと思うよね。

1万円を稼ぐための仕事は、その幸福を得る手段であって、目的ではありません。どんな仕事をしようと、結果として手に残るのは1万円というみんなが共通の価値を認めるお金であり、そのお金を払って食べるステーキの味は変わりません。

みんな仕事に意味を求めすぎ！

一点の曇りもない100点満点の天職を求めようとすれば、目の前にある「70点満足できる仕事」を拒否する口実を作ることになります。100点以外は全部0ですか？

逆に、ブラックバイトに自分から飛び込んでいくような人もいます。時給は安い、責任は重い、残業代は出ない、休みはとれない、上司はパワハラしてくる。誰がそんなところで働くか！　というところに吸い寄せられてしまう人がいます。

日本人に多いカルマパターンは、「100円を稼ぐために10万円分働かないといけない」という思考。何日も徹夜をしてもう倒れそうになってようやく、「申し訳ありませんが、午前中だけ有給で休んでもいいでしょうか」とおずおずと言える資格が得られると思う人たちが日本にはたくさんいます。

お金と自分の労力のバランスを計算することができないんだよね。だからブラックな仕事を引き寄せてしまうことになるの。

転職をくり返しても、行く場所、行く場所全部真っ黒なのはそのせいだよ。「ほらやっぱりね。私にはこういう仕事しかないいんだ」と証明したがっているだけ。

100点満点の仕事を求めて転職をくり返す人、自分が無価値に思えてしまうほどおかしな仕事に身を捧げる人。どちらも1万円のステーキを食べることはできません。でも平凡な仕事をこつこつと続ければおいしいお肉をちゃんと食べられる。さあ、あなたはどちらになりたいでしょう?

ハニさんの一言

70点の仕事でもいいじゃない！

026

Hani's Love Words

自分の心をのぞいてみて
そのやさしさの本質
わかるかな?

おもてなしの国といわれる日本。外国からやって来る人は、日本人の謙虚さや、やさしさを絶賛するでしょ。反対に私たちが海外旅行に出かけると、お店の人がとっても無愛想だったり、あからさまに差別されたり、時間通りに電車が来なくて、嫌な思いをすることがあるじゃない。

そうすると「やっぱり日本人の国民性はすばらしい」なんて思ったりするのよね。

でもじつは、日本人のやさしさは、純度100%じゃなくて、かーなーり不純です。

私たち日本人は、つねに「排除されるかもしれない」という恐怖を強く持っています。誰かに守られることより、排除される記憶が強く残っているの。村社会の村八分のなかで生きてきたからね。するとどうなるか？

悲しいことに、愛や思いやりは、多くの人にとって自衛の手段になってしまっています。二枚舌を使って、心とは裏腹のことをしているわけだから、ストレスが、どんどんたまっていくんだ。

そして、愛やいたわりにあふれる自分を賢明に演じているのに、ちっとも守ってもらえない。よい子の仮面をかぶっているのになにも報われないとなると、百姓一揆を起こすわけです。キレて、勝ったもん勝ちのヤンキーに成り下がるわけ。

近所の人が逮捕されたとき、「普段はおとなしいあの人が」とか「感じのいい人だと思っていたのに」って言う人多いじゃない。

いつもはよい人でも、相手が文句を言えない立場だとわかったとたん、モンスターペアレンツや、クレーマーになって、相手を土下座させたり、ねちねちいたぶってしまう人もいっぱいいます。日本人の二面性はかなり根が深いの。

日本人は、このままだと劣化の一途をたどります。

この世は、宇宙に許可されて集まった人間が、助け合い、分かち合い、貢献し合うことを学ぶ場所です。そこには、ヒーローも裁判官も必要ないの。同情もいらないし、人を裁くこともありません。

あなたはただ、平和という庭を育てる人になればいいのです。

そして地球は相手を「信頼」するトレーニングをする場所です。「信用」じゃなくて「信頼」ね。信用は過去の実績を考慮してその人を評価する意味合いがあるけれど、信頼は相手への期待を込めて、その未来を信じること。信用金庫はあるけれど、信頼金庫はないでしょ。この人と一緒にいたら、幸せになれるかもしれないし、ひどい目にあうかもしれない。でも、あなたを信じて、あなたについていきますという勇気が持てるかどうか。

平和への道のりはすごくシンプル。自分がしたいこと＝相手にしてもらいたいことという、等式を成立させることです。今の日本人は、自分は口汚くディスりたいのに、相手からはリスペクトしてほしいって駄々をこねているでしょ。

思いっきり正反対。このアンバランスがストレスの元凶です。

あなたはこれまでの人生を振り返り、平和の庭を育てたでしょうか？　人と自分を比べることに熱中して、自分の庭を枯らしてはいませんか？　ゴージャスなバラ園じゃなくてもいいじゃない。人に見せるための庭ではないのだから。自分が今世を終えるとき、丹精込めた庭をながめて「気持ちのよいながめだな」って思えたら、人生、勝ちなんだと思うよ。

ハニさんの一言

自分がしたいこと＝相手にしてもらいたいこと

027
Hani's Love Words

歴史的有名人の生まれ変わりが
いっぱいいる理由
それは宇宙システムと
深い関わりがあります

私は天草四郎の生まれ変わりです。
前世はマリー・アントワネットでした。
卑弥呼だったころの記憶が残っているんです。

おっと、みんなすごくゴージャスじゃない。こんなふうに、自分は○○の生まれ変わりで、そのときのことを覚えていますって言う人けっこういるのよね。うさんくさいって思うかな？　でもそれって「アリ」なの。あり得ることなのよ。

宇宙はエネルギーのかたまり。ある意味、巨大なデータベースといえます。古今東西この世に生を受けたすべての人々が、積み重ねてきた日々がデータボックスにおさめられています。

私たちが死ねば「なんとかさんの人生」は再びそのボックスにおさめられて、みんなのデータといっしょになる。そして、再び生まれることがあれば、自分という核がいろいろなものを引き寄せて一個人のパーソナリティが構築されます。

お人形工房みたいに、目や胴体、足や腕がずらっとあって、組み合わせは自由。工房に戻ってきたらまた解体されて、部品箱に保管されて次の出番を待っているようなイメージね。

というわけで、天草四郎の経験を自分にくっつけちゃう人もいるわけで、記憶が残っているのは不思議なことじゃないんだ。データはみんなで共有しているからね。

つまり、個性だの、自分らしくだのといっても、結局はこれまでの人たちが体験したことの寄せ集めで自分という人間が成り立っているの。自分と他者との境界なんてその程度。そう考えると、人にもうちょっと寛容になれる気がしない？

では、あなたはどのように自分のパーツを選んでいるのでしょう。それはあなたの核がどのような磁力を持っているかによって変わってきます。

「私は虐げられている」「私は暴力を振るわれても仕方ない」「私は正しいことを主張する権利がない」といった思考パターンを修正できなければ、生まれ変わっても、やはりその人生を歩み直すことになります。

じゃあ、引き寄せたパーソナリティは一生そのまま？　そんなことはないの。宇宙と人間はいつだってつながっています。

今、この瞬間も。パソコンの電源を入れると、「アップデートします」って表示されて、あとは勝手にどんどん最新版になっていくのといっしょで、あなたの思考がかわれば、データボックスから新しい要素を引き寄せることができます。

新しい自分になるには、どうしたらいいか。過去の印象を変えることです。つらかった過去世の経験を背負っている人なんてごまんといます。だけどありがたいことに脳は記憶を歪曲するから、そのこと事態を思い出さなくなったり、拡大解釈したり、削除しちゃったり。

そのくらいいい加減なものなんだ。注目する視点が変われば、抱く印象は変わります。私たちはよく「盲点」なんて言い方をするけれど、私に言わせたら「盲面」です。しかし、点くらいしかわからない。あとは脳が「こんな感じだっけ？　これでいいや！」って適当に作っているだけなのよ。

成功体験を積み、思考パターンを変えれば、あなたの磁力は変わります。運命のあみだくじはある程度決まっているけれど、あなたの磁力が変われば、新しい線が加わり、行く先は変わるの。おもしろいよね。このいい加減さに私たちは救われているんだ。

ハニさんの一言

いい加減がちょうどいいのよ！

これは『いい湯加減』っ
はあ〜♡

028

Hani's Love Words

相手の行動にイライラ
することもあるけれど
「〜しないで」の禁止からは
なにも生まれません

どんなに心を許していても、身近な人でも、相手の行動が受け入れられずイライラすることはあります。まあ、赤の他人にイラッとするより、家族や恋人、友だち、会社の同僚のように、同じスペースを共有していたり、長い時間をいっしょに過ごす人のほうに、よりムカッとくるものよね。

どうしても目についてしまうし、こちらに迷惑がかかることもあるし。一度嫌だと思うと、やることなすこと全部嫌。息をする音でさえ「やめてくれ」って耳障りでしょうがなくなるじゃない。

そんなとき、私たちができるのはリクエストだけです。

私たち一人ひとりはテリトリーを持っています。不機嫌な顔で「そんなことするの超迷惑なんだけど、やめてもらっていいかしら」とイヤミったらしい言い方で禁止をしたり、「このやり方でやってちょうだい」と強制することはできません。できるような気がするから、つい言ってしまうけどできないの。

私たちは相手のテリトリーを否定したり、侵略することはできません。

悪人ってよいことをやめさせようとしないでしょ。泥棒さんが、募金している人に「てめーなにやってんだよっ」と文句つけるの見たことないじゃない。ダラダラと遅刻癖のある人が「なんであなた時間通りに会社に来るの？　おかしいよ」とは言わないよね。

誰がどんなよい行いをしようが、知らん顔。そして自分のことに一生懸命。やってることは悪いことなんだけど、相手を侵害せず、自分のやりたいことを一生懸命やるっていうのは、宇宙的には正解なの。だから悪がはびこるわけ。

善人はその逆。ゴミを拾っているとなりで、ゴミを捨てている人を見たら、かけ寄って「そんなことをしたらダメ」と禁止し、「ゴミ拾いはよいことよ。だからいっしょにやりましょうよ」と相手の領域にズカズカと入り込んでしまうの。そんなことするより、人は無視して、自分がやりたいことをすればいい。ゴミを拾うと気持ちよいなと「あなた」が思うなら、「あなた」はそれをすることだけで満足するべきです。

目指すのはただあなたが正しいと思うことを、あなたのテリトリーのなかで進めていくことだから。

否定からは否定しか生まれません。私たちが唯一相手に対してできること。それはリクエストだけ。「〇〇してくれたらうれしいな」「〇〇してくれるとすごく助かるんだけど、お願いしてもいいかしら」。その程度のものです。

私も朝、時間ぎりぎりまでのんびりしていて、登校がつい遅くなる我が子に、一言言いたくなることもあるのよ。そんなときは、「そろそろ出発しないと遅刻するんじゃないかって、お母さんは心配しているの。今からすぐ出れば間に合う時間だけど、どうかしら」って言うかな。「あなたはグズなのよ」とか「先生に怒られて、だらしない子って思われるよ」なんて言い方はしません。気になっているのは私であって、本人ではないから。

あなたが人のテリトリーを侵すことができないように、あなたも他人からなにを言われてもあなたの魂が傷つくことはありません。だから「お前なんてダメだ」とパワハラされたり、好きだった人に振られたとしても、あなた自身が否定されたことにはならないんだよ。

あなたの魂はそんなにもろくない。だから他人にかまわず、自分の道を歩いて行こうよ。じつはそれがあなたを生きやすくしてくれる一番の近道なんだ。

ハニさんの一言

人を批判している時間があったら、自分がやりたいことやろうよ！

◎リクエスト
×否定

029

Hani's Love Words

なんでも特盛りの今
心の目盛り
おかしくない？

ものの値段は1円でも安いほうがいい。

当日配達が選べるなら、今日中に届けてほしい。

大盛り選べるから、あんまりお腹すいてないけどまあ、注文しちゃえ。


最近の世の中ってこんな感じだよね。

深く考えず、とりあえずなんでもMAXにしておけば安心って感じ。でも思うの。

「1円のお金に困るほど貧乏だっけ?」「それって本当に今日届かないと困るんだっけ?」「あなたそんなに大食いだっけ?」って。たとえばテレビで、会社の採用担当の人が、求める人材を語ったりしているけれど、「そこまでの能力いる?」「そんな高い志いる?」って思うもん。あんた大学卒業したての若者に、そんなハイレベルなこと期待しておきながら、そんな安い給料でこき使うつもり?　って。


とりあえずMAXという思考が、あなたの満足レベルを麻痺させています。

一度、「とりあえず大盛り」の思考に染まってしまうと、それ以外は80点、45点ですらなく、0点になってしまうの。

日本は環境的にはとても恵まれているし、ネットの発達も目覚ましいから、望めば大概のものが手に入るでしょ。ファミレスに行ったって、不愉快な思いをすることはあんまりない。でもそれは、「お客様は神様なんだから、なんでも言うこと聞きなさいよ」ってことではないよね。少し前まではそのあたりを自然とわきまえていたけれど、もう目盛りがぶっ壊れている人にはそれが通じない。それって、すごく怖いことなのよ。

個人レベルでもそう。今はみんなドラマチック症候群なの。「自分が進む本当の道がわかりません」「私は本当にこの人が好きなのでしょうか」「私は本当に幸せなんでしょうか」って相談に来るクライアントさんがよくいます。もう一点の曇りも許せないんだろうね。絶対失敗しない、100%ケチのつけようのない答えが出ないと満足できない。

でもさ、本当ってなに？　そんなものあるの？　そんなの私にもわからん！　知らん！　って思うの。

世の中には、ニュートラルがあります。世の中8割が、ニュートラルです。不幸でも幸せでもない。貧乏でも金持ちでもない。そんなグレーゾーンがあるんだよ。みんな普通を忘れていませんか？　普通はダメだと思っていませんか？　普通って、安全で心地よいものだということ知っていますか？

なんでもかんでも特盛りを求めるのをやめてみたらどうかしら。即日配達も選べるけれど、週末に使うんだもん。普通便でいいやとネットショッピングのボタンをポチってしてみたらいいじゃん。グルメサイトの口コミ最高点じゃないと安心できない気持ちを抑えて、新しいお店にチャレンジしてみたらどうかな。それでまずくても、「そんなこともあるよね」で流せばいいじゃない。

一度手に入れた便利を人は手放そうとはしません。だけど、不便になるためじゃなく、ストレスなく生きるために特盛りを手放してみない？　生きるか死ぬかのことなんて滅多にない。「あ。やっちまった。えへっ」て笑って立ち上がるほうが、よっぽどジョイにあふれた日々になると思うよ。

ハニさんの一言

「そんなこともあるよね」で全部流しちゃお！

こっちで充分です…
うっ
特盛
並盛

おわりに

神様からあなたへのメッセージをお預かりしました

もっともっとお話したいことはたくさんあるのですが、入門編はひとまずここまで。楽しんで読んでくれましたでしょうか？

いつもはクライアントさんのお顔を見て、一人ひとりに合わせたカウンセリングをしているから、みなさんがどんな感想を持たれたのかとっても気になるところ。ひとつでも新たな発見があったり、ジョイへつながる道を知る手がかりをつかんでくれたら、これほどの幸せはありません。

ただ、文章だけで気持ちを伝える限界もよくわかっています。カルマの根が深いほど、一人の力で掘り起こすことはできないもの。そんなときは、力のあるヒーラーさんに助けを求めてね。探し方は本書でも触れていますが、あなたに合う人を探してください。人に助けを求めることを恥ずかしがったり、恐れたりせず、「困っています！　助けて」って言ってね。ＨＥＬＰと言える人は、日常の人間関係のなかでも必ず助けてくれる人があらわれます。そして、人からも頼ってもらえます。人間関係のバランスがとれているから、どん底まで落ちきることはありません。本当に強い人、無敵な人って、そういう人なんだと思うよ。恥ずかしがったり、見栄をはったりして、すべて自分でなんとかしなきゃと、声を上げられない人は、上向き調子のときはいいけれど、一度崩れると、もろいものだから。

この本を終えるにあたり、私から読者のみなさんに、お伝えできることはどんなことでしょうと神様に伺ってみると、

好きなことが十分にできるよう、豊かになりなさい。

そんなお言葉が聞こえてきました。

そう、私たちは好きなことを存分に楽しみ、幸せになるために生きています。

そのためにお金や健康、時間が必要であり、だからこそ懸命に働いたり、勉強に励んだりしているわけです。肉体や時間、エネルギーは有限です。カルマにとらわれていると、本来の目的とは違うところに、これらが消費され、あなたがすり減ってしまいます。手段と目的を間違えないでね。

そして、これからも道に迷うことがあれば、もう一度この本を読んでみて。目指す道はこちらではなかった！　幸せからどんどん遠くなっている！　そう気づいてくれたらと願います。

魂の喜ぶ方向を目指し、幸せへの道を歩んでいる人は、自分への執着が減っていきます。好きなことをしているときは、疲れないし、転んで膝をすりむいても、笑って立ち上がれるでしょ？　魂が十分に満たされれば、コップから水があふれるように人の幸せのために貢献できるようになります。「あなたがうれしいと、私もうれしい」と思えたら、これ以上の幸せってないじゃない？　周りにいる人の数だけ、あなたに幸せがもたらされるのだもの。他人を押しのけるかわりに、一緒に手をつないで幸せゾーンを歩こうよ。

私も「さあ、手をつなぎましょう」とあなたに手を差し伸べています。どうか私の手をつかんでください。大丈夫。幸せはすぐ目の前にありますよ。

Haniel（ハニエル）

2019年8月

Haniel（ハニエル）

株式会社アバンダンス・クリエイト代表取締役社長

1969年生まれ。過去生～胎内記憶～未来の記憶をもつサイキック体質として生まれ、2歳頃から日常的に霊視、予知、透視を行う。

小学生の頃にはオーラ視、過去生視、エネルギー調整ヒーリングなどができる様になる。

霊界の存在とも通じ様々な運命転換や具現化を起こす現実派スピリチュアリスト。予知能力にも長け、過去には中華航空140便墜落事故、日比谷線脱線事故、秋葉原通り魔事件、311東日本大地震、領土問題などについて鮮明な予知と具体的なアドバイスを行う。

サイキック能力のみならず米国NLP協会認定NLPトレーナーNLPコーチプロファイリング等の高度な脳へアプローチするスキルを持ち、過去世カルマの解消と組み合わせた独自の手法により、これまで15,000件以上の個人セッションを行う。

[公式HP] http://haniel.tv/
[公式ブログ] https://ameblo.jp/haniel3/

ハニエル流 幸せな時間の作り方

2019年11月7日　初版第1刷発行

著　者
Haniel（ハニエル）

発　行
今日の話題社
東京都品川区平塚 2-1-16　KKビル5F
TEL 03-3782-5231　FAX 03-3785-0882

発行者
高橋秀和

印刷
平文社

製本
難波製本

ISBN978-4-87565-648-7　C0011

staff
構成　平瀬菜穂子
編集　松原大輔（パインプレーリー）
カバー・本文イラスト　花アキ
装丁・本文デザイン　金澤浩二
DTP　石井香里